AF590675

BOTANIQUE

POUR

LES FEMMES

ET LES

AMATEURS DES PLANTES.

Tant que j'herborise, je ne suis pas malheureux, et je vous réponds que si l'on me laissait faire, je ne cesserais, tout le reste de ma vie, d'herboriser du matin au soir. J'herboriserais jusqu'à la mort, et au delà ; car s'il y a des fleurs dans les Champs-Elysées, j'en formerais des couronnes pour les hommes vrais, francs, et tels qu'assurément j'avais mérité d'en trouver sur la terre.

J. J. Rousseau.

BOTANIQUE
POUR
LES FEMMES
ET LES
AMATEURS DES PLANTES,

PAR M. LE D. A. J. G. CH. BATSCH,
PROFESSEUR A JENA.

Avec 101 Figures coloriées.

Ouvrage allemand, mis en français, et augmenté de notes et d'autres additions,

Par J. Fr. B*********, Membre associé de l'Institut National de France.

PARIS ET STRASBOURG,
Chez TREUTTEL et WÜRTZ, Libraires, quai Voltaire, N°. 2.
AN VII DE LA RÉPUBLIQUE FRANÇAISE.

AVANT-PROPOS
DU
TRADUCTEUR.

L'OUVRAGE allemand (*), dont nous donnons la traduction au public, n'est pas le coup d'essai de son auteur. La première édition qui en parut, il y a quelques années, lui avait déjà mérité les suffrages des naturalistes de l'Allemagne et du Nord.

On pourrait croire, d'après le titre de cette traduction, qu'on va lire un livre purement élémentaire, mis à la portée des commençans les moins attentifs ; on serait dans l'erreur. L'ouvrage de M. Batsch, quoique piquant à beaucoup d'égards, n'est pas un de ces ouvrages frivoles qu'on peut lire à la toilette ou au milieu des distractions.

(*) *Botanik für Frauenzimmer und Pflanzenliebhaber welche keine Gelehrten sind, von D. A. J. G. Ch. Batsch.*

Non-seulement il excite l'attention, mais presque toujours il l'exige. L'auteur ne promène pas constamment ses élèves dans les sentiers sablés d'un parterre ; il faut aussi gravir avec lui les côteaux escarpés, s'enfoncer avec lui dans les vallées profondes, emprunter souvent le secours de la loupe pour découvrir les particules ténues des plantes qu'il décrit, et presque toujours invoquer la réflexion pour saisir la finesse de ses apperçus. En promettant le plaisir à ses lecteurs, il ne les trompe pas ; mais, à son école, le plaisir est le prix du travail. En un mot, le professeur Batsch pourrait dire ce que, dans une autre circonstance, a dit Jean-Jaques, qui l'a devancé dans cette carrière : *Je n'ai pas le talent d'être clair pour ceux qui n'ont pas celui d'être attentifs.*

L'auteur allemand n'a pas prétendu au reste rivaliser, quant au style, cet écrivain enchanteur. Dans sa préface, que nous avons cru inutile de traduire, il reconnaît en lui, à cet égard, une supériorité qui lui paraît décourageante. Mais M. Batsch a sur Rousseau l'avantage d'avoir beaucoup plus étudié que lui, le sujet qu'ils ont traité l'un et l'autre. Ils se ressemblent cependant en ce qu'ils ont tous deux cherché et réussi à prouver que la botanique n'est pas simplement une *science de mots* ; que, considérée sous ses différens aspects, elle peut souvent se parer des charmes de l'imagination, et même emprunter, sans affectation, le langage de la sensibilité.

Nous devons toutefois prévenir nos lecteurs que ce n'est pas une traduction littérale, ni même tout-à-fait fidelle, que nous leur présentons. L'auteur a écrit pour les Allemands, qui n'exigent pas partout les agrémens du style, qui souffrent que, dans un ouvrage sérieux, on parle à leur seule raison. Nous avons cru devoir assez souvent développer son idée, l'éclaircir par des exemples, quelquefois lui donner une tournure galante ou sentimentale, pour prouver que nous ne perdons pas de vue le sexe aimable auquel principalement l'ouvrage est adressé. L'auteur nous pardonnera sans doute ces légères infidélités. Sa modestie qui lui a fait craindre des reproches qu'il ne peut attendre que de la frivolité, lui a fourni une excuse que nous emprunterons de lui-même pour le désarmer; et nous dirons comme lui : *Nous avons écrit pour nos compatriotes.* Conservant, même dans l'âge mûr, les goûts de leur enfance, ils ne se contentent pas de planches bien dessinées; ils les veulent aussi coloriées.

Nous nous permettrons une autre observation. M. Batsch qui a fait une étude approfondie de la botanique, a porté dans son ouvrage cet esprit finement observateur qui tient un peu à l'esprit de système. En regardant les objets long-tems et de très-près, on y découvre non-seulement ces traits extrêmement délicats qui échappent aux observateurs superficiels, mais encore on y voit quelquefois ce qui n'y est pas. C'est peut-etre le cas de certains apperçus, qui à des observateurs froids et sévères, pourraient bien ne paraître que de doctes subtilités; mais il ne nous appartenait ni de les qualifier, ni de les réfuter, ni de les altérer; et c'est en cela seulement que nous nous sommes piqués d'être *traducteurs fidèles.*

Ce que nous ne craignons pas d'assurer, c'est que les erreurs de M. Batsch, s'il lui en est échappé quelques-unes, ne sont pas d'un homme ordinaire; qu'on ne peut que se plaire à ses explications, lors même qu'on n'est pas disposé à les adopter; et que si quelques-unes de ses conjectures sont hasardées, il n'en est pas qui ne paraissent plausibles. En un mot, quand il n'est pas l'historien exact du règne des plantes, il en est du moins l'ingénieux romancier.

Les planches qui accompagnent l'original de son ouvrage, ne servent pas peu à en faciliter l'intelligence. Ce sont les mêmes que celles qu'on trouvera à la suite de cette traduction.

C'est à elles que se réfèrent tous les renvois indiqués par des chiffres arabes. Ceux qui le sont par des chiffres romains se rapportent à un autre ouvrage (*) que M. Batsch a publié à la fois en français et en allemand. Ceux qui l'auront sous les yeux entendront encore plus aisément celui que nous traduisons ; mais il ne sera pas d'une nécessité indispensable pour les lecteurs attentifs.

(*) Voici le titre entier de cet ouvrage, en français : LE JARDIN OUVERT, *en partie composé à neuf, d'après le nouveau Magasin botanique anglais de* CURTIS, *et en partie enrichi de nouveaux originaux, mis au jour pour servir d'éclaircissement à la* BOTANIQUE POUR LES FEMMES ET LES AMATEURS DES PLANTES, etc. par le D. A. J. G. Charles BATSCH, professeur à Jena, avec cent planches coloriées.

On le trouve aussi dans la Librairie des Editeurs de la présente traduction.

TABLE

DES ARTICLES.

Fin de la table des articles.

ÉTUDES

ÉTUDES
DE
BOTANIQUE.

1.

Dissémination des plantes sur toute la terre.

Les plantes se trouvent répandues avec abondance par-tout où la nature se développe avec liberté, par-tout où l'humidité, même passagère, de l'air peut agir. Plus varié dans ses qualités, plus compatible que le règne animal, avec tous les genres de sol et de climat, à toutes les hauteurs, à toutes les profondeurs, le règne végétal a étendu par-tout les rameaux de son immense famille. Le roc décharné et ses débris confus, les dépouilles que les torrens entraînent, le sable le plus aride, l'argile durcie, sont, tôt ou tard, recouverts de plantes; tout, jusqu'à cette lave écumante que vomissent les volcans, peut devenir, avec le tems, un terrein fertile. Sous la zône brûlante, de robustes troncs, entourés au loin d'arbustes et d'arbrisseaux, se pressent, se multiplient avec autant d'abondance que de rapidité. Là, les dévastations les plus effrayantes sont réparées en peu de jours; et même sur le Spitzberg qui semble condamné à un hiver éternel, un rayon d'été vient faire germer et fleurir quelques plantes privilégiées que n'effraie pas la rigueur de son climat. Les végétaux naissent les uns sur les autres. On en voit s'implanter sur des tiges qui leur sont étrangères, et qui leur servent pour ainsi dire de matrice; et, frélons du règne végétal, ils s'approprient une sève qui ne fut pas élaborée pour eux. Ils vivent sur les eaux comme sur la terre, sur les êtres infirmes, sur les mourans, sur les cadavres. Les orgueilleuses productions des arts deviennent souvent leur conquête. Leur ténuité, la rapidité de leur croissance, leur font trouver un asile dans les cavités creusées par le ciseau et jusques sur le marbre poli; et bientôt les monumens que la vigilance oublie quelques instans sont enveloppés de leur verdoyant duvet. Ils se frayent une route jusques dans les sombres soupiraux de la terre. Le seul Océan met des bornes à leur envahissement. Il n'est que quelques végétaux clair-semés qu'on voie porter leurs racines jusques dans ses profondeurs ou flotter sur sa surface.

2. *Variété des plantes sous tous les rapports.*

L'empire des plantes présente une variété inépuisable sous quelque face qu'on le considère ; c'est un oracle qui a des réponses à toutes les demandes ; c'est un instrument dont chaque corde rend un son différent, en quelque point qu'on la fasse vibrer. Toutes les propriétés du règne végétal sont diversifiées à l'infini. Couleur, figure, tissu, disposition des rameaux, courbure, attaches, développement, durée, structure intérieure, propagation ; quel vaste champ chacun de ces accidens présente à l'œil de l'observateur ! Les peuples ont leurs annales, leur législation, leur *statistique*. On est étonné de la foule d'objets sur lesquels ils appellent l'attention. Ce n'est rien encore auprès de l'histoire de la nature. Mais, que ces deux études sont différentes dans leurs objets et dans leurs résultats ! Là, on ne passe en revue que des passions, des malheurs, des crimes. Ici, tout est régulier, tout est paisible, mais tout est immense. Qui pourrait se flatter d'embrasser l'ensemble de ce plan, dont les détails sont infinis ? Qui pourrait fixer, sans en être ébloui, le brillant éclat de la création ?

3. *Durée et destination de ces diverses propriétés.*

Ne croyez cependant pas que ces variétés innombrables ne soient que le jeu d'un être capricieux qui se plaise à prodiguer un vain luxe dans ses ouvrages, ainsi que l'homme voluptueux, avide des hommages du vulgaire, déploie sur ses habits la diversité de ses goûts et pare à grands frais sa demeure passagère. Si la nature est variée à l'infini dans ses productions, elle est constante dans ses variétés. La rose dont Alcibiade para le sein de sa maîtresse ne différait pas de celle que l'amour d'une main timide vient offrir en tribut aux belles de nos jours. Le lys qui balançait sa noble tige dans les jardins d'Alcinoüs, épanchait les mêmes parfums que celui qui fait l'ornement de nos parterres. Sans cette fixité inaltérable, comment l'homme pourrait-il discerner la ciguë vénéneuse qu'il doit fuir, cueillir la salutaire camomille qui va soulager son père ou son épouse ? Comment le scrutateur de la nature pourrait-il déterminer les moindres particules des mousses les plus délicates, et les trouver parfaitement conformes à celles qu'un autre observateur recueille à l'autre extrémité du globe ? Comment pourraient-ils correspondre et s'entendre, et réaliser ainsi la merveille des cadrans de sympathie, à travers l'Océan qui les sépare, par-dessus la chaîne des montagnes qui élèvent entr'eux leurs inaccessibles sommets ? Pourrions-nous avec assurance indiquer les plantes dont le commerce rend la jouissance commune à tous les habitans de la terre, celles qu'attend l'agriculture, celles que réclame la pharmacie, si elles ne devaient tenir que du hasard leur conformation et leurs propriétés, et qu'il fût possible de les confondre ?

4. *Espèce des plantes.*

Chaque espèce de plantes est marquée par un grand nombre de caractères dont l'ensemble ne se retrouve dans aucune autre. Le règne animal présente cette fixité d'une manière plus sensible encore. L'éléphant a le crâne et les *deux grandes dents* du morse (ou vache marine,) les dents molaires du cheval. Son pied est divisé comme celui de l'hyppopotame. Il a la trompe du tapir (1). Mais chacun de ces animaux réunit aux traits par lesquels il se rapproche de l'éléphant plusieurs autres caractères qui l'en éloignent, outre qu'il en est distingué par des différences sensibles dans la conformation intérieure. Il en est précisément ainsi des plantes. Voyez deux de ces fleurs qui flattent le plus les sens, qui se marient si bien à l'idée d'une jeune beauté. Chacune d'elles peut être définie d'une manière très-distincte. Chacune se rapproche de quelque autre à certains égards. Le lys a quelques rapports avec la tulipe, la rose avec la mauve; mais ce faux air de ressemblance disparaît au plus léger examen. Le lys verse des parfums que la nature a refusés à la tulipe. La rose exhale les odeurs les plus suaves; la mauve est presque inodore. Mais ce

(1) C'est le plus grand quadrupède de l'Amérique. *Voyez* Buffon, Valmont de Bomare, etc. etc.

ne sont là que les plus légères différences qui les séparent. Il y en a de bien plus marquées, de bien plus constantes entre leurs parties, et surtout dans leur ensemble.

5. *Objet de la variété des espèces et de leur multiplicité.*

On a jusqu'à présent énuméré vingt à trente mille espèces de plantes qui ont entr'elles des différences faciles à discerner. Ce seul énoncé suffirait pour faire reculer la paresse. Mais, que le beau sexe ne s'effraie pas : la méthode lui épargnera la fatigue et ne lui laissera que le plaisir des découvertes. Cette variété, loin d'être un jeu du hasard, est soumise à des lois constantes. Le chemin est long, peut-être, mais il est tracé par une main intelligente, et dans tous les sens il est jonché de fleurs. Il conduit à un but auquel on ne peut se méprendre ; l'indiquer d'une manière précise est peut-être au dessus des facultés d'un mortel : qu'il lui suffise de se convaincre que la nature n'est, dans aucune de ses productions, sans plan, sans règles invariables. Mais, pourquoi tant d'espèces particulières existent-elles ? Parmi celles que nous ne connaissons guères par leurs formes, comment n'y en a-t-il pas une seule qui se soit perdue ? Et, de même que nous allons voir de nouveaux genres naître, soit par des combinaisons fortuites, soit sous la main industrieuse de l'homme qui semble rivaliser celle du créateur, comment ne parait-il aucune espèce nouvelle? — C'est une énigme dont le mot, sans doute, ne peut être connu de notre intelligence enveloppée de grossiers organes.

6. *Usage que l'homme fait des plantes.*

Sans s'embarrasser de la solution des questions qui tendent à dévoiler les secrets de la nature, et se bornant à jouir de ses bienfaits, l'homme ne chercha, d'abord dans le règne végétal, que ce qui pouvait servir à ses besoins. Encore devait-il, pour être arrivé à ce premier échelon de l'industrie, avoir fait quelques pas dans la carrière de la civilisation. Car, il avait débuté sans doute par n'avoir, comme les sauvages de la Nouvelle-Zelande et de la Nouvelle-Hollande, d'autre aliment que la chair des animaux qu'il atteignait à la course, ou qu'il terrassait avec le secours de ses armes informes. L'incertitude d'une pareille subsistance, les fatigues attachées à ce genre de vie, le conduisirent insensiblement aux moyens de s'assurer une existence plus tranquille et moins précaire. Les hommes devinrent pasteurs et ensuite laboureurs. Ils se créèrent une sorte de constitution fondée, non plus sur la violence et le meurtre, mais sur la raison. La société se cimenta par une bienveillance réciproque. L'observation de la nature enfanta les premiers essais de l'industrie. Des occupations plus paisibles adoucirent la rudesse des mœurs. La terre accorda ses trésors aux mains qui la sollicitaient ; et les hommes devinrent meilleurs en étudiant, en recueillant ses productions.

Le commerce, la vaste étendue des empires, le luxe et les guerres qui, au lieu de peuplades isolées ébranlèrent des nations entières, les passions qui acquéraient de nouveaux véhicules et de nouveaux alimens, tout concourut à multiplier les besoins; et l'esprit humain, au milieu des dangers et des désirs sans cesse renaissans, tendit à agrandir ses conceptions.

Ce que des peuples plus modernes tiraient du règne végétal pour rendre leurs habitations plus commodes et plus sûres, pour se nourrir, s'abreuver, se vêtir, se guérir, est bientôt transporté vers toutes les régions du globe; et, graces à la navigation et au commerce, la terre devient, dans l'acception la plus rigoureuse, la mère commune du genre humain. Les fruits du cacaoïer de Caracas trouvent leur place dans les déjeûners de Paris et de Pétersbourg ; et cette feuille savoureuse et salubre, que les Chinois recueillent, ranime les sens engourdis de l'Anglais et du Batave. La cupidité de quelques hommes sert aux plaisirs et aux besoins de plusieurs millions de leurs semblables. Ce qu'elle va ravir aux climats les plus lointains tourne au profit de tous. Le sage observateur s'en empare; les sciences les plus utiles, les arts les plus brillans ont de nouvelles découvertes à faire, de nouveaux chefs-d'œuvres à créer. La sphère des jouissances s'étend et la vie s'embellit.

Cependant, les excès, qui marchent toujours d'un pas égal avec les voluptés, enfantent de nouvelles maladies. La boîte de Pandore s'est agrandie; les maux en découlent par torrens; mais le règne végétal est encore là pour les soulager : la source de ses trésors est aussi inépuisable que celle de nos calamités.

Il semble destiné à recréer tous nos sens. Quoi de plus doux, de plus ravissant que sa parure élégante et variée; de plus innocent que le tableau qu'il présente à la vue! Une seule fleur suffirait pour la réjouir. Mais, l'industrie de l'homme a su recueillir tant de richesses éparses; et, graces à ses paisibles conquêtes, la modeste enceinte d'un jardin réunit tous les trésors de la végétation que la nature, abandonnée à elle-même, eût laissé disséminés sur toute la surface du globe.

7. *Rassemblement et conservation de toutes les curiosités du règne végétal par le secours de la botanique.*

L'exposition détaillée de toutes les productions du règne végétal, n'est pas, comme on serait tenté de le croire, un travail oiseux, un vain étalage d'érudition. Sans elle, la science n'eût fait que des progrès très-lents. Soutenu par la nécessité, guidé par le désir d'augmenter ses jouissances, l'homme pensant a trouvé le moyen de découvrir la vérité en comparant les objets de ses premières observations. S'il s'était concentré dans les choses de nécessité absolue, il n'eût jamais agrandi son horison; il n'eût jamais préparé de plus riches tableaux pour les générations futures. Le père se fût borné de transmettre à ses enfans les fruits de son expérience. La mère aurait rempli sa tâche en indiquant à ses filles ce qui, parmi les végétaux d'un usage commun, pouvait leur être utile ou nuisible : elle ne les eût jamais promenées hors de l'enceinte étroite du potager et du parterre. L'observateur, étendant un peu davantage la sphère de la science végétale, aurait communiqué à ses élèves le résultat de ses veilles. Mais combien ces notions de la tradition orale sont incomplettes et fugitives ! elles fussent d'ailleurs restées dans l'isolement. Sans de nombreux objets de comparaison, comment former cet ensemble qui seul peut donner une idée juste des merveilles de la nature ?

Il fallait donc des descriptions écrites, il fallait le secours du dessin, il fallait surtout celui du burin, pour faire passer aux siècles les plus reculés les progrès de la science, et la préserver du danger des inexactitudes et du vague des conjectures.

Ce n'était pas tout encore. Quelque passion que l'on ait pour les productions de la nature, comment pourra-t-on décrire une plante, à moins d'en connaître toutes les parties, et dans chacune d'elles toutes les différences qui distinguent cette plante de toutes les autres?

C'est faute de cette exactitude, en apparence minutieuse, que les descriptions des anciens, remplies d'ailleurs des observations les plus précieuses, sont à-peu-près perdues pour nous.

On appelle *botanique* la science qui, fondée sur des expériences répétées, fournit les moyens de lire dans le grand livre de la nature tout ce qui a rapport aux plantes, de fixer les idées sur leur conformation, leurs propriétés, leurs variétés, et de rendre ainsi commune et utile à tous les hommes la connaissance du règne végétal. Cette définition fermera peut-être la bouche à ceux qui prétendent que la botanique n'est qu'une science de mots. Le dédain aura beau la calomnier, il ne lui enlevera pas l'avantage d'offrir à la jeunesse un moyen agréable d'exercer sa mémoire, de faire prendre le change à ses passions par une occupation douce à laquelle on ne se livre jamais sans y trouver beaucoup d'attrait, l'avantage d'offrir des délassemens et d'agréables distractions à l'âge mûr, et au beau sexe, la plus innocente des récréations. En un mot, la botanique fait aimer le séjour des champs; le séjour des champs fait aimer la botanique; et comment ne pas priser une science qui rappelle l'homme à sa destination primitive, à celle que tant de circonstances peuvent lui rendre nécessaire?

8. *Notre but dans ce traité de botanique.*

Notre but n'est cependant pas de présenter le tableau détaillé de cette science vaste qui a éveillé, pendant plusieurs siècles, toute l'activité de l'esprit humain, et qui a déja recueilli de si abondantes moissons. Elle a été approfondie dans tous ses détails avec une rare persévérance, même par les hommes du mérite le plus éminent et du rang le plus distingué. Mais nous ne voulons, ni fatiguer l'attention, ni surcharger la mémoire des lecteurs auxquels, surtout, nous consacrons cet ouvrage. Nous nous bornerons à dessiner pour eux les principaux linéamens de la botanique; heureux si cette légère esquisse excite en eux un goût qui peut leur procurer les plus doux passe-tems.

Nous laissons au grand capitaine, au conquérant à considérer, sous tous les aspects, la contrée qui va devenir le théâtre de ses exploits. Semblables à l'ami paisible de la nature, qui ne voit dans un paysage que ce qui peut réjouir ses sens, nous nous contenterons de cueillir quelques-unes des fleurs qui nous paraîtront avoir le plus d'attrait. La méthode sans pédanterie dirigera nos recherches, et présidera à nos récoltes. La méthode, effrayante au premier aspect, favorise la paresse, donne du charme à l'étude, et rend le plaisir plus facile sans le rendre moins piquant. Nous ne nous perdrons pas dans le labyrinthe immense des configurations et des développemens. Nous saisirons quelques traits, et chercherons à prouver qu'ils font partie d'un grand tableau où tout est coordonné et soumis à des lois générales et invariables. Non-seulement nous sentirons, mais nous saurons aussi combien est belle la nature dans ses productions végétales; et, tandis que le sentiment les parera de couleurs ravissantes, l'attention gravera leurs formes dans notre souvenir.

9. *Aspect extérieur du règne végétal dans son ensemble.*

La plupart des plantes portent dans leur extérieur un caractère particulier qui, au premier aspect, les distingue des animaux. Les forêts, les prairies, les jardins, les champs, tous les lieux dans lesquels la nature ou la main de l'homme a placé des végétaux, nous présentent des êtres qui souffrent en apparence, qui, composés de fibres, se développent successivement, qui sont attachés par d'autres fibres au sol qui les porte, s'élèvent plus ou moins au dessus de sa surface, et sont chargés d'appendices de couleur verte qu'on nomme *feuilles*, et qui, dans chaque espèce, ont des formes très-distinctes. Ils ont d'autres appendices d'une contexture plus délicate, ordinairement colorés et de forme circulaire. On les nomme *fleurs*. Lorsqu'elles paraissent, une partie d'elles-mêmes, qu'on appelle *fruit*, germe, croît, mûrit, et porte dans son sein la semence qui doit servir à la reproduction de la plante. Quelle ressemblance y a-t-il au premier aspect entre ces créatures pourvues de racines de rameaux, de feuilles, de fleurs, et les animaux où l'on trouve une tête, des yeux, des membres, des entrailles qui peuvent se mouvoir à volonté, et dont les parties sexuelles sont extérieures et sont réparties entre deux individus?

Ces êtres d'espèces si différentes se touchent cependant à une limite commune. Les champignons, (nos. XCVII, XCIX) soit globuleux, soit rameux, soit en forme d'écuelles, les plantes filamenteuses qui croissent dans l'eau, les moisissures en forme de poussière, (no. C) n'ont pas ces formes distinctes que nous venons de remarquer dans les plantes ordinaires; mais, comme elles, elles croissent lentement et se développent. C'est par cela seulement qu'ils se distinguent du corail rameux, du volvoce (1), de la tête de Méduse, des vers (*punkt formige gewürme*) en forme de points imperceptibles, véritables animaux qui se meuvent rapidement, spontanément, et pour atteindre un but dont ils sont séparés.

10. *Arbres, arbrisseaux, plantes.*

Parmi les productions du règne végétal,

---

(1) Le volvoce est un animalcule globuleux qui paraît sans organisation. *Voyez* Valmont, Diction. d'Hist. Nat.

celles qui frappent le plus la vue, celles que l'on rencontre le plus communément, sont les plantes élevées, durables et ligneuses, et celles qui, décorées quelque tems de feuilles et de fleurs, disparaissent pour ainsi dire sous le souffle glacé de l'hiver. On donne proprement le nom de *plantes* à celles-ci; les autres, quand un vaste bouquet de branches et de feuilles couronne leur haute tige, s'appellent *arbres;* et lorsque près de sa base leur tige peu élevée se partage en rameaux uniformes, elles se nomment buissons ou arbrisseaux.

Il n'y a entre ces productions de la terre que ces différences qui produisent le charme de la variété. La nature ne s'élève que par gradations de l'une à l'autre, elles se distinguent aussi par leur durée plus ou moins longue; et la connaissance d'un grand nombre d'espèces nous fait parcourir toute l'échelle de ses gradations, depuis la plante éphémère jusqu'à celle dont la tige robuste brave les siècles, dont le feuillage touffu ombrage plusieurs générations de suite. Jeunes beautés! quel immense intervalle entre la durée de cette fleur, qui, éclose avec l'aurore, va se faner sur votre sein et celle de ce chêne que plantèrent vos aïeux, et sous lequel reposeront les enfans de vos enfans!

Les plantes proprement dites, diffèrent aussi entr'elles. Elles sortent, il est vrai, chaque année du sein de la terre pour parer sa surface; mais elles sont d'inégale durée. Les plantes d'été, comme les balsamines, les pavots, les amaranthes, ont fourni presque toute leur carrière pendant la saison chaude de l'année, et ne durent pas la moitié de l'hiver suivant: d'autres, comme la julienne, l'*hesperis tristis* la petite raiponce, et plusieurs autres espèces de campanules, naissent aussi dans un été, mais supportent un hiver et ne périssent que l'été suivant, après avoir fleuri. On les nomme bisannuelles. Il en est encore qui disparaissent rapidement de la surface du terrein, mais qui plongent dans son sein des racines plus durables: telles sont les pivoines, les diverses espèces d'aster, le muguet, la primevère sauvage.

Quant aux arbres et aux arbrisseaux, cette durée s'étend aussi à la surface de la terre; de leur tronc même, plus ou moins divisé, sortent, à différens endroits, de nouveaux rameaux qui semblent avoir leur racine dans ce tronc. De même que la véritable racine produit, soit des végétaux passagers, soit des troncs durables, de même la tige donne la naissance à de nouvelles pousses qui passent plus ou moins vîte.

Souvent ces plantes ne vivent que le tems nécessaire à leur reproduction; plusieurs périssent dès qu'on les a propagées. La nature du sol, le climat, la température influent aussi quelquefois sur leur durée plus ou moins prolongée.

11. *Gramens, Mousses, Champignons.*

Les plantes graminées ou *gramens* tiennent dans le règne végétal une place moins imposante que celles que nous venons de nommer. Elles diffèrent par leur élévation, par leur forme, et sont répandues sur la terre avec une grande profusion. Leur fécondité, la brièveté de leur durée, le parti qu'on en tire pour la nourriture des animaux, et même pour celle de l'homme, les distingue d'une manière remarquable. Leurs fleurs sont des espèces de folioles peu colorées, ou de pellicules tenant de la nature de la paille. Les feuilles de leur chaume ou tuyau forment à leur base une espèce de gaîne: elles sont simples et diffèrent peu entre elles. Le tuyau lui-même a des articulations noueuses dont nous décrirons plus bas (§. 20) la conformation particulière. Ce grain précieux, dont nous formons notre principale nourriture; celui, qui, fermenté ou distillé, produit ou une boisson rafraichissante, ou une liqueur spiritueuse; cet autre grain qui nourrit la vigueur de nos coursiers brillans, sont les fruits de diverses sortes de *graminées*.

Deux autres classes non moins nombreuses, non moins remarquables par leur configuration et l'attention minutieuse qu'exige leur examen, sont les *mousses*, (nos. XCIV, XCVI,) et les *champignons*, (nos. XCVII, XCIX.) Elles tiennent, par quelques rapports, aux plantes précédentes, quoiqu'elles en diffèrent beaucoup au premier aspect. Les rochers, les lieux déserts, semblent être les asiles qu'elles affectionnent de préférence. L'observateur reconnaît une chaine non interrompue depuis ces mousses qui étalent le luxe de leur tapis verdoyant jusqu'à ces plantes à feuilles grisâtres et coriaces, à ces plantes fongueuses et sans feuilles, enfin, jusqu'à celles qui ressemblent à des moisissures, ou qui ne sont que de simples filamens, ou qui ne présentent même que des grains de poussière, et qui sont pour ainsi dire reléguées aux confins du règne végétal, comme l'huître informe et presque insensible l'est à ceux du règne animal. (N°. C.)

12. *Bois, écorce, fibres des Végétaux.*

Le corps des plantes présente même à son extérieur une foule de veines, de fibres, de stries, et leur composition est la même à l'intérieur. Mais les intestins, les os, la chair, les nerfs appartiennent exclusivement au règne animal. Partagez la plante dans sa longueur, fendez le bois d'un arbre, vous y reconnaîtrez les fibres qui s'étendent d'une extrémité à l'autre. Coupez en travers la tige d'une plante vivante, vous verrez découler une liqueur des extrémités de ces fibres. Que si vous placez la plante avec sa racine dans quelque substance liquide fortement colorée, vous verrez la couleur remonter dans les gros faisceaux de ces fibres. Vous en concluerez qu'elles sont creuses et qu'elles sont les veines ou vaisseaux dans lesquels la sève circule.

Dans l'homme et les animaux, la sève de la vie s'arrête dans son cours; les vaisseaux qui la charient, perdent leur souplesse. Le moment de cette stagnation est celui de la mort. La même loi subsiste dans le règne végétal. Les plantes annuelles se dessèchent, se flétrissent et meurent la première année; les plantes bisannuelles la seconde année de leur vie.

Les plantes vivaces éprouvent aussi ce dépérissement, mais il n'est que partiel. Le tronc principal et la racine sont atteints de la langueur de la mort; mais seulement dans leurs couches extérieures; et, tandis que la superficie de l'écorce et celle du bois qu'elle enveloppe cessent de porter les apparences de la végétation, la vie trouve un asile dans une moelle cellulaire et spongieuse qui est plus sensible aux extrémités de la plante qu'au milieu de sa tige. Entre le bois et l'écorce, dans les intestins de ces couches frappées de mort, on découvre une couche encore vivante qui semble conserver le dépôt de la végétation pour l'année suivante. On l'appelle l'aubier. — Vous qui, dans une de ces belles matinées d'hiver, où le soleil émousse pour quelques heures les traits de la froidure, parcourez votre jardin ou votre parc, essayez d'avérer cette observation, et prenez, comme on dit, *la nature sur le fait.*

La moelle consiste en vésicules placées en travers. Celles, au contraire, qui composent les couches, soit mortes, soit encore vivantes, sont, pour la plupart, rangées en long les unes à la file des autres, et composées de petits vaisseaux d'un blanc argenté, qui indiquent proprement le durcissement du bois et forment les fibres filamenteuses. Celles-ci ressemblent assez à des cordes faites avec des rubans tordus.

13. *Feuilles et Fleurs.*

De cette disposition de vaisseaux placés par couches, de ces ramifications à peine ébauchées à leur naissance, résulte une foule de formes qui distinguent les différentes espèces des plantes. Ces formes tendent à perdre successivement la rondeur qui appartient à la tige, et finissent par ne présenter que des surfaces planes. Isolées, accouplées, placées circulairement, variées à l'infini dans leur configuration, dans leur tissu, dans leurs contours; dans leurs directions et leurs couleurs, mais parfaitement distinctes sous tous ces rapports, elles décorent les branches, les rameaux ou même aussi les extrémités supérieures des racines.

Une espèce de ces surfaces planes se présente aussitôt que la plante commence à éclore. Elle est verte et rarement circulaire. Entre ces surfaces et la tige à laquelle elles sont attachées, naissent de nouveaux bourgeons, qui périssent et tombent sans que la plante éprouve aucune altération sensible. Ces surfaces sont les *feuilles* dont le verd, de nuances différentes, rafraichit nos sens et embellit les campagnes. (*Fig.* 3, 10.)

Une autre espèce de surfaces planes contribue encore bien plus à la décoration des plantes. Ce sont des feuilles d'une nature différente qui paraissent plutard que les autres. Elles sont ou grouppées circulairement, ou séparées, ou connexes, et formant des tuyaux fendus. Elles brillent pour la plupart du plus vif éclat. La nature semble avoir épuisé sa palette à varier leurs nuances. Dans leur sein repose le germe délicat d'une nouvelle reproduction ; elles s'en détachent et son développement s'opère. A ces traits, qui ne connaîtra pas les fleurs ? (*Fig.* 3, 10.)

Ainsi, de ce qui se trouve attaché à la tige, ou disposé le long des rameaux, ou placé immédiatement sur la racine, tout est feuille ou fleur ; et quoiqu'elles soient nécessaires à la plante, il y a tant d'élégance dans leurs formes, qu'au premier aspect on croirait qu'elles ne doivent servir qu'à la décorer. Ainsi, les yeux d'une belle, ces organes d'un sens qui lui est si utile, semblent n'être destinés qu'à enchanter les êtres sensibles vers lesquels ils se tournent.

14. *Racines et leurs tubercules.*

Ces feuilles et ces fleurs qui parent si bien la surface de la terre, ne se trouvent pas dans son sein : quoique quelques plantes semblent fleurir sous la terre, il est cependant constant qu'elles fleurissent réellement à sa superficie et tout au plus dans une sorte de sanctuaire dérobé aux regards ; et alors même les fleurs diffèrent, par leurs formes et leurs nuances, de celles qu'on voit éclore suivant les lois ordinaires. C'est à l'air seul qu'elles doivent leur éclat et leurs agrémens.

Il n'est qu'un petit nombre de plantes qui, comme quelques champignons, s'approprient la substance des autres plantes. Toutes les autres plongent des rameaux déliés et dépourvus de feuilles dans la masse qui doit les nourrir, soit dans la terre, soit dans l'eau. C'est là que, par les extrémités de leurs fibres pourvues d'une foule de petits vaisseaux, elles pompent les sucs nourriciers qui s'élèvent au sommet de la racine pour se répandre de là dans la tige, les rameaux, les feuilles et les fleurs.

Les fibres de la racine sont ou placées par faisceaux les unes à côté des autres, ou se réunissent à un ou plusieurs corps principaux. Les formes de ces corps sont très-variées, ainsi qu'on peut s'en convaincre sans aller faire des recherches au loin. Ce sont de ces leçons qu'on peut prendre dans un potager, aussi bien que dans un jardin botanique. Ces corps, connus spécialement sous le nom de racines, sont ou globuleuses, ou rameuses, ou palmées, ou fusiformes, c'est - à - dire, en forme de fuseaux, etc., etc.

Ici cependant on pourrait facilement être induit en erreur. La pomme de terre, par exemple, ou la partie de cette racine qui sert d'aliment, n'est pas un de ces corps principaux d'où sortent les fibres de la plante, comme on serait tenté de le croire. Le corps principal de la racine croît et dépérit avec la plante à laquelle elle appartient; et, comme la plante même, contient un tissu de vaisseaux. Mais les tubercules (n°s. XXII, XXX) consistent dans une masse farineuse et très-nourrissante où l'on ne trouve point ces couches de vaisseaux. C'est à eux que tiennent les nouveaux rudimens des plantes futures. A l'époque où elles doivent se développer, elles sortent de terre à l'aide de ces réservoirs farineux dont elles tirent leur substance. A mesure qu'elles s'élèvent et grossissent, les réservoirs s'épuisent, et il n'en reste plus que l'enveloppe desséchée. Cette progression est facile à suivre dans un quarré de pommes de terre; car, à la campagne surtout, nous sommes entourés de ces merveilles de la nature. Avec quelques études, même superficielles, ou avec la simple curiosité on peut ne pas y faire un pas qui ne soit une source d'instruction.

Il y a donc, visiblement dans le cas dont

nous parlons, une partie nourrissante où se prépare ce qui doit vivifier et développer la plante, et qui dépérit dans la proportion de l'acroissement des rejetons auxquels elle est adhérente. Voilà une de ces lois de la nature que nous ne devons pas perdre de vue.

15. *Préparation des plantes par les feuilles.*

Les plantes qui sont pleines de suc n'ont pas besoin que leurs racines soient abondamment nourries. Elles croissent sur les roches, très-peu recouvertes de terre, ou même entièrement pelées, et l'arrosement excessif de leurs racines les ferait périr. Elles semblent s'alimenter, surtout par la rosée qui pénètre leurs feuilles.

Que si l'on coupe un rameau de ces plantes, il parvient souvent de lui-même à son parfait développement sans qu'il soit mis dans l'eau. On y voit éclore et la fleur et le fruit. Mais à mesure que son extrémité se développe, ses feuilles se dessèchent successivement de bas en haut ; d'où il résulte évidemment que la partie nutritive passe des feuilles inférieures dans les supérieures, et de là dans les fleurs. Ce passage n'est pas aussi sensible dans les autres plantes ; mais la progression du dessèchement est la même. Nou s devons donc en conclure, que la nutrition s'opère en elles d'une manière semblable.

16. *Liaison entre les feuilles nouvelles et les pousses.*

Les observations précédentes sont parfaitement confirmées par la liaison qui existe entre les feuilles encore vertes et les nouvelles pousses. Dès qu'un nouveau rameau commence à pousser, nous pouvons chercher au point extérieur de son insertion, une feuille qui l'enferme entr'elle et la tige. (Nos. II, III, VII, IX, XXXVIII, XXXIX.) Nous pouvons de même soupçonner une nouvelle pousse en-dedans de chaque feuille. (*Fig.* 3, 5, 7, 8, 10.) Il arrive cependant quelquefois que l'un paraît sans l'autre; mais il est infiniment plus ordinaire qu'ils paraissent ensemble, ou que l'extrême ténuité de l'un des deux empêche de l'appercevoir. Ainsi, par exemple, les feuilles qui devraient accompagner les nouveaux rameaux, se réduisent en écailles imperceptibles ; ou les rameaux qui devraient naître à côté des grandes feuilles ne sont que de petits bourgeons sans développement. Les rapports entre ces deux parties de la plante n'en sont pas moins incontestables. Mais souvent l'une croît aux dépens de l'autre; celle-ci *s'amaigrit*, pour ainsi dire, *de l'embonpoint* de sa compagne. Où il y a équilibre entr'elles, la loi est parfaitement observée. La nature quelquefois choisit aussi un aîné parmi ses enfans ; c'est que, comme la législation, elle a aussi ses écarts.

17. *Stipules.*

Dans les vesces, les roses, les pêchers et les mauves, on voit qu'à la base de chaque feuille, ou simple ou multiple, il y a une feuille ébauchée qui diffère sensiblement des autres. (*Fig.* 5, 8.) (n°s. XXIV, XXV, XXXV, LXX.) On la nomme *Stipule* ; elle a avec celles auxquelles elle est adhérente, le même rapport que celles-ci avec le nouveau rejeton qu'elles accompagnent. Au moment de sa naissance, elle est plus grande que la feuille, proprement dite, à laquelle elle tient ; mais à mesure que cette dernière croît, l'autre dépérit, se flétrit, et tombe même tout-à-fait pendant le développement des véritables feuilles.

18. *Veines des feuilles, formes des feuilles.*

On remarque sur la surface des feuilles, des veines ou des stries formées par plusieurs vaisseaux réunis. Les variétés de ces stries peuvent se réduire à deux espèces principales. Ou elles se suivent à-peu-près parallèlement dans toute leur longueur, et forment des espèces de côtes, (*fig.* 3,) (n°s. XXII, XLVI, XLVII,) ou elles se ramifient comme de véritables veines sur toute la surface de la feuille. (*Fig.* 6, 10,) (nos. IV, XXX, LX, LXXV;) mais aux yeux de l'observateur, ces deux espèces se subdivisent à l'infini, et chacune de ces subdivisions a des caractères très-marqués. Il suffit pour s'en convaincre, de comparer entre elles trois feuilles de différentes plantes.

Il ne faut pas croire que les formes extérieures que nous offrent les animaux, les plantes et les minéraux, n'aient d'autre objet, dans leur élégance et dans leur variété, que de plaire à nos sens ; leur conformation intérieure, qui a un but déterminé, se trouve liée à cette enveloppe, qui seule d'abord frappe notre vue : l'une est le principe, et l'autre la conséquence nécessaire. Nous ne devinons pas toujours leur intime liaison ; mais tout nous indique qu'elle existe. La forme du bec d'un oiseau est adaptée au genre de nourriture qu'il doit prendre d'après son organisation intérieure. Il en est de même des feuilles. Leur configuration, leur contour, leur tissu, etc. tiennent probablement aux moyens intérieurs que la nature emploie pour les développer, les conserver, les rendre propres au but auquel elle les destine. Celles de la vigne, par exemple, larges, mais profondément découpées, remplissent le double objet de rafraîchir le fruit qu'elles couvrent en partie, sans le priver de la chaleur dont il ne peut se passer. Voilà qui est plus que vraisemblable. Voici ce qui n'est que conjectural : l'intention de la nature n'était peut-être pas que la feuille de la violette fût cordiforme; mais elle lui a donné des feuilles veinées, telles qu'elles étaient nécessaires au développement et à la vie de la plante. Elle a dû dès-lors les recouvrir d'une enveloppe propre à contenir ce faible roseau; de là est résulté la forme de ces feuilles (1.)

19. *Bourgeons, Bulbes.*

Observez, en été, les arbres et les buissons, vous y verrez poindre l'ébauche de nouveaux rameaux entre la feuille et la tige. Mais en quelques endroits la feuille tombe, et à la place de la pousse il reste, pour l'hiver, un bourgeon encore fermé (nos II, LI), qui est composé de beaucoup de folioles roulées les unes sur les autres, en partie écailleuses, et propres à le préserver de la froidure; et ce bourgeon ne laisse échapper que l'année suivante le rameau qu'il recèle.

Dans les plantes bisannuelles, après la première année, il reste pendant l'hiver, à l'extrémité supérieure de la racine, un bourgeon semblable. C'est du sein de ce bourgeon que sort la plante complette au retour de l'été suivant.

---

(1) Voilà une de ces idées, un de ces rapprochemens que des censeurs sévères ont reprochés à un des écrivains les plus attachans de nos jours. Nous doutons que l'auteur allemand trouve plus facilement grace devant eux.

Les oignons ou bulbes (nº. XLVIII) d'où la plante doit sortir dans toute sa perfection, sont également posées sur la racine; mais elles s'en distinguent par leur masse charnue, composée en partie de feuilles succulentes, qui prennent sous la terre une forme et une couleur particulière, et en partie d'extrémités encore vives et succulentes des feuilles supérieures qui sont desséchées. On a aussi appelé oignons les tubercules épais (*fig.* 2) qui sont assis sur l'extrémité supérieure de la racine. Dans ces différens cas on ne voit point de feuilles isolées, mais des amas de feuilles, qui conservent, surtout pendant la froide saison, les élémens d'un nouveau rameau ou d'une nouvelle plante.

20. *Rejetons des racines, tiges traçantes, nœuds.*

Ce n'est pas seulement de l'extrémité supérieure de la racine, ou de ses premières feuilles, que s'élancent immédiatement une ou plusieurs des tiges qui doivent se couvrir de feuillage et de fleurs. Souvent la nouvelle tige se détourne de sa direction verticale, serpente sous la terre, non pour reproduire des feuilles et des fleurs que doit nourrir le centre d'où elles partent, mais pour plonger elle-même des racines dans le sein de la terre, et en faire ensuite jaillir des tiges nouvelles. C'est ainsi que de nouvelles plantes, semblables à des colons qui s'éloignent de la mère-patrie, (n°. XXXVIII) vont, à quelque distance de leur berceau, se créer une existence particulière (*fig.* 2, 10.) Car bientôt le lien par lequel elles tenaient d'abord à la plante principale se dessèche et périt; la jeune famille oublie son origine, et vit indépendante.

Les endroits d'où partent de nouvelles pousses dans les plantes traçantes, où ces tiges se multiplient et se ramifient tant inférieurement dans de nouvelles racines qu'au-dessus du sol dans de nouvelles tiges, sont remarquables par leur forme et par leur couleur. Ils sont gonflés en forme de nœuds, et souvent rougeâtres. Au printems, c'est ainsi que sont colorés beaucoup de rejetons qui sortent de la terre, et même ces tiges traçantes qui commencent à s'éloigner de la plante principale, sans cependant pousser encore ni racines, ni nouvelles tiges, comme si elles tâtonnaient quelque tems avant de se reproduire complettement à une certaine distance. Le fraisier offre un exemple de cette singularité. Sa couleur rougeâtre paraît d'abord seule; un peu plus loin, la couleur et le gonflement. Plus loin encore, commence un jet presqu'imperceptible de feuilles et de racines. Enfin, à un quatrième intervalle, par exemple, on trouve d'une manière distincte la couleur rougeâtre, le gonflement, le jet des feuilles et des racines.

Ces nœuds gonflés (*fig.* 1, 4,) (n°s. XLVII,

LXXXI) sont plus dignes d'observation qu'ils ne le paraissent d'abord, et se lient très-souvent, ainsi que la feuille, à la ramification et aux nouveaux acroissemens du corps de la plante. On trouve assez ordinairement de pareils nœuds entre la racine et le tronc, à l'endroit d'où sortent les deux principaux rejetons de la plante; et ils se répètent, d'une manière plus ou moins distincte, à la naissance de chaque nouveau rameau. Ils sont surtout très-sensibles dans les graminées : chaque tuyau de ces plantes (auxquels le bambou doit être assimilé à cet égard) en porte de pareils. A côté de chacun d'eux commence à poindre une feuille; et entre le nœud et la feuille paraît un nouveau rejeton, qui est communément très-petit et comme avorté : ce qui fait peut-être que le nœud lui-même, loin de disparaître, acquiert une consistance considérable. Ces minutieux détails ne sont pas très-facilement saisis : ils ne le sont pas même sans quelque effort. Il faut appeler à son secours l'attention, et quelquefois la coupe; mais le plaisir d'observer et de découvrir dédommage bien de cette peine légère. Poursuivons.

Nous ne pouvons expliquer comment ce gonflement des nœuds est la cause qui produit le nouveau rejeton; mais le rapport qui existe entr'eux ne peut être contesté. Nous aurons occasion de revenir sur ce phénomène, lorsque nous parlerons de l'irritabilité des plantes, qui est également inexplicable. Observer est de l'homme attentif. Expliquer est souvent d'un être sans doute supérieur à lui.

21. *Peau et transpiration des Plantes.*

A quoi pourrait servir ce tissu de vaisseaux qui compose les plantes, s'il n'était pas recouvert d'une enveloppe ? Il se dessécherait bientôt, et la plante périrait. Mais si cette enveloppe était telle qu'elle conservât toute l'humidité, la plante en serait tellement surchargée que, faute de circulation, elle périrait bientôt d'une sorte d'hydropisie. Car, jusque dans les maladies et leurs causes, les végétaux ont de l'analogie avec les animaux. Dans les uns et les autres, c'est un juste équilibre dans les humeurs, un milieu entre l'extrême sécheresse et l'extrême humidité, qui entretient la vie et conserve la santé. Le tissu qui forme leur enveloppe extérieure doit donc avoir ce degré de solidité qui permet la transpiration, mais qui empêche qu'elle ne soit trop abondante.

Les moyens par lesquels la nature prépare ce genre de secrétion sont même plus remarquables dans les plantes que dans les animaux. Les pores de beaucoup d'entr'elles ont même une disposition toute particulière, qui ne varie jamais. Ceux des graminées et des lys sont surtout disposés d'une manière qu'on ne peut trop admirer. Ils forment de petits champs oblongs ou circulaires, et sont liés entr'eux par

par des veines rangées dans un ordre très-symétrique.

Les diverses parties qui constituent une plante, n'ont pas, comme celles des animaux, des fonctions déterminées, desquelles il soit impossible de les détourner. Dans un animal, la cervelle jamais ne deviendra le foie. Il en est autrement dans la plante. La racine peut devenir la tige; et *vice versâ*, la tige peut se convertir en racine. De même, les pores changent de fonctions. Ils pompent la rosée pour la nourriture de la plante, lorsque l'humidité manque au sol dans lequel plonge sa racine.

En parlant des poils et des glandes des végétaux, nous verrons que ce n'est pas seulement une vapeur ténue, mais bien des particules fluides, susceptibles même de se condenser, qui s'exhalent par les pores de la peau.

22. *Respiration des plantes.*

Les plantes respirer! cela paraît d'abord fort étrange; et pourtant rien n'est plus avéré. Mais il ne sera pas facile d'en fournir ici la preuve convaincante. Les plantes n'ont ni poumons, ni ouies ou branchies, ni trachées. On n'apperçoit en elles aucun mouvement d'aspiration ni de respiration. Cependant, la structure des vaisseaux et la respiration leur sont aussi nécessaires qu'aux animaux.

Ne savons-nous pas tous que les plantes,

dans un air pur, se trouvent, comme nous, beaucoup mieux que dans un air corrompu? Et n'est-ce pas, de toutes leurs parties, la surface déployée de leurs feuilles que l'air doit frapper le plus fortement?

Que l'on plonge des feuilles fraîches dans de l'eau exposée au soleil, on les verra attirer des particules d'air, qui se réuniront en vésicules sur leur verte surface. Les parties qui sont d'une autre couleur ne produisent point cet effet, ou du moins il est très-peu sensible. Ces vésicules contiennent précisément la portion la plus pure de cet air commun dans lequel nous respirons, et dont la privation nous ferait expirer sur-le-champ. C'est pour cela qu'on le nomme air vital, ou phlogistique, parce qu'il est également nécessaire à l'entretien de la flamme. Pendant le jour, il est salutaire de se reposer au milieu des plantes verdoyantes. Déja les anciens avaient fait cette observation, principalement sur les arbres résineux, et en particulier sur les cyprès. Les nouvelles expériences qui nous ont fait découvrir que les plantes respirent, ont prouvé que ce sont précisément ces arbres résineux qui attirent et recueillent l'air vital avec le plus d'avidité. Ces filets verdâtres, espèce de plante qui se nourrit dans l'eau, sont portés à sa surface, quand le soleil luit, à l'aide des vésicules d'air dont nous parlons. Ils replongent à l'entrée de la nuit, ou lorsque le tems est trouble.

À l'ombre, et pendant la nuit, les plantes semblent respirer. Elles n'ont pas, comme les animaux, ce mouvement rapidement alternatif d'aspiration et de respiration. Dans l'espace d'un jour et d'une nuit, il paraît que l'acte d'aspirer et de respirer ne s'opère qu'une fois. Elles ont lentement pompé l'air pendant tout le jour. Elles l'exhalent quand le jour est fini. Alors c'est un mauvais air qui les environne; car c'est celui qu'elles ont aspiré; et ainsi que les hommes et les animaux, elles corrompent l'air par leur respiration.

Cet air vital est l'aliment principal du feu; et son aspiration est de même un moyen nécessaire pour entretenir constamment la chaleur animale. Nous avons plus de chaleur que les poissons et les grenouilles. Pourquoi? c'est que nous aspirons et respirons plus complettement qu'eux. Ce n'est pas cependant qu'ils soient tout-à-fait privés de chaleur. Ils ne sont froids que relativement à nous. Ils périraient par un froid plus considérable. C'est par l'aspiration qu'ils acquièrent le degré de chaleur qui leur est nécessaire au milieu des deux fluides conservateurs de la vie, l'air et l'eau. Les plantes ne font pas autre chose.

L'analogie qu'il y a entre les animaux et les végétaux, respirant les uns et les autres l'eau et l'air, est très-agréable à observer. Les animaux respirent l'air à l'aide de la surface pulmonaire : les poissons respirent l'eau avec des ouïes, composées de fibres très-fines. Dans les plantes, les feuilles qui sont exposées à l'air acquièrent tout le déploiement dont elles sont susceptibles. Il n'en est pas de même de celles qui, croissant sous l'eau, sont un composé de fibres délicates. Cette différence entre les feuilles d'une même plante est quelquefois sensible dans celles qui ont une partie de leurs feuilles sous l'eau et l'autre hors de l'eau.

23. *Plantes toujours vertes.*

La plupart des feuilles tombent en automne, et celles qui restent, comme celles du charme, pendent flétries et décolorées. Quelques plantes cependant font une exception. On les nomme *toujours-vertes.* Elles servent à consoler nos jardins de l'outrage des hivers. Dans les pays septentrionaux, elles sont de deux diverses espèces. Les unes se conservent en plein air; les autres ont besoin d'abri. Les unes composent ces forêts qui embellissent encore la froide saison. Leur distribution symétrique, les formes qu'elles prennent sous les ciseaux en font un genre d'ornement que le goût réprouve peut-être, mais qu'on aime à retrouver en dépit des frimats. Tels sont les pins, les sapins, les diverses espèces de genièvre, le thuya, l'if, le buis, et une foule d'autres arbres ou arbustes moins connus.

Les autres, accoutumées à un climat plus chaud, ne peuvent conserver leur verdure que dans les serres. Ce sont celles qu'on recueille dans ces asiles nommés *orangeries*, (n°s. XVI, XVII, XLIV, LII, LIII, LXX) parce que les orangers et les autres arbres qui s'en rapprochent y occupent la place principale. Le luxe va plus loin encore. Il se crée une sorte de forêt, pour ainsi dire artificielle, qui, à l'abri des cloisons de verre, reçoivent la lumière en échappant aux traits mortels de la froidure. Les sucs de ces plantes toujours vertes, contiennent assez généralement une substance résineuse. Nous avons déja observé que les arbres résineux respirent plus fortement que les autres. De-là vient peut-être qu'ils conservent pendant l'hiver une plus grande quantité de chaleur vitale; et que, dans les pays du Nord, les sapins acquièrent cette hauteur gigantesque qui les rend si précieux aux arsenaux maritimes.

24. *Feuilles composées, vrilles ou mains.*

La feuille du fraisier, celle du trefle, celle des fèves sont composées de trois folioles; celle du maronier d'inde, de trois, cinq ou sept, suivant que la pousse est plus ou moins forte. Ces folioles se réunissent vers un point commun, et forment une sorte d'éventail déployé. Comme on peut comparer ces feuilles ainsi composées à des mains dont les doigts sont fort écartés, on les a nommées en général feuilles *digitées*. (*Fig.* 7,) (n°s. XXV, XXXVII, LVI, LVI, LXI, LXII). Il ne faut pas les confondre avec celles du noyer, du sainfoin, de la vesce et de plusieurs autres. Celles-ci sont également composées d'un grand nombre de folioles régulièrement distribuées, qui aboutissent, non à un même centre, mais aux côtés d'un pétiole commun, comme les poils d'une plume à son tuyau. On les nomme pour cela feuilles pinnées ou ailées. (*Fig.* 5,) (n^os^. V, XXIV, LX.)

Toutes ces formes ont beaucoup de rapport entr'elles. Les feuilles digitées doivent proprement être regardées comme des feuilles ailées, dont les folioles sont plus rapprochées vers leur extrémité, ou dont la dernière paire est restée seule avec la foliole terminale qui se trouve isolée au bout du rameau. (N°s. VI, XXVII.)

Dans ces feuilles pinnées ou ailées, la foliole terminale manque souvent tout-à-fait. Dans quelques-unes, on la voit s'atténuer insensiblement. Ce n'est plus qu'un filet mince qui s'alonge beaucoup en perdant sa largeur. Il en est assez souvent ainsi de la paire de folioles qui est immédiatement au dessous de ce filet, et quelquefois même aussi des suivantes : elles se forment, comme dans les fèves d'Espagne, en petites fourches, à l'aide desquelles la plante s'attache à d'autres plantes. (*Fig.* 5.) Enfin, il y en a quelques-unes où l'on ne trouve après les stipules qu'une main en forme de fourche qui termine le rameau. A la naissance de la plupart des feuilles digitées ou ailées, on trouve ces stipules. Il y a dans la même classe des plantes qui n'ont que des feuilles simples, à l'origine de chacune desquelles se trouvent placées les stipules. (*Fig.* 8,) (n°. XXXV.) N'est-il pas naturel de croire que, puisque la feuille simple et la feuille composée peuvent se trouver à la fois sur une même espèce, comme le geranium (ou bec de grue) et l'alleluya ? (*Trifolium acetosum vulgare.*) La seconde, n'est autre chose que le résultat de la division de la première, surtout quand cette observation est confirmée, en quelque sorte, par la formation de la feuille ailée du palmier.

On pourrait même considérer le pétiole principal le long duquel sont rangées les folioles, moins comme un vrai pétiole, que comme un petit rameau. Dans d'autres plantes, la feuille isolée tombe; mais à l'endroit où elle était assise, paraît un nœud renflé, qui contient le germe d'une nouvelle pousse. Nous avons diverses feuilles ailées où l'on remarque pareillement, à la naissance de chaque foliole, un nœud, quelquefois le siège de l'irritabilité, (n°. VI); et dans certains cas, rares à la vérité, on voit de nouvelles plantes sortir du pétiole de la feuille ailée comme d'un rameau susceptible de reproduction.

25. *Disposition des fleurs, bractées, enveloppes.*

De même que plusieurs petites feuilles se réunissent en une seule, de même les fleurs sont rassemblées pour former un seul bouquet. Mais, comme dans les feuilles, il y a diverses gradations dans le rapprochement des fleurs entr'elles; leurs agrégations sont singulièrement variées; et, suivant la forme qu'elles prennent, il en résulte des guirlandes, des cordons, des couronnes, des faisceaux, des girandoles, des bouquets à différens rameaux. Bref, la variété ne règne nulle part plus que dans l'empire de Flore. Nous n'imaginons rien que la nature n'ait créé dans ce genre; et toutes les inventions du goût et de l'élégance, dans nos dessins, dans nos ornemens, dans nos meubles, ne sont que de faibles imitations de ce qu'elle a produit.

Il y a ensuite une autre variété dans la conformation et la destination de chacune de ces fleurs ainsi rassemblées ou agrégées. Quelques-unes sont *stériles* ou purement *femelles*; c'est-à-dire, privées de cette partie qui porte la poussière fécondante, et dont nous parlerons plus bas. Dans ces fleurs, la corolle est plus grande que dans celles qui conservent leur fécondité. La rose, cette fleur qui, à tant de titres, a la préférence sur toutes ses compagnes, est dans ce cas : elle doit une partie de ses charmes à sa stérilité. C'est aux dépens des organes de la fructification qu'elle acquiert cette touffe de pétales, dont la couleur et le parfum nous enchantent également. Quand elle est féconde, sa corolle est simple, et presque inodore. Dans les fleurs qui croissent en touffes, celles de la circonférence sont ordinairement stériles. La boule de neige en est un exemple ; mais nous trouverons plus loin d'autres détails sur ces singularités.

Il y en a une autre à remarquer dans les feuilles placées près de chacune de ces agrégations de fleurs. Elles éprouvent des changemens qu'on ne voit presque jamais dans celles qui accompagnent les fleurs isolées, (n°s. XXII, XXXVIII, XLVII, LXI, LXXI, LXXIX :) la végétation se portant avec force vers toutes ces extrémités de la tige d'où naissent à la fois tant de fleurs, les feuilles qui naissent auprès, et qu'on nomme bractées, souffrent de ce voisinage dans leur volume, dans leur substance et quelquefois dans leur couleur. Dans les plantes liliacées, comme les narcisses, (n°. LIV,) la feuille adhérente aux fleurs ou la bractée est desséchée et ressemble à une enveloppe de papier très-fin. A chaque fleur qui accompagne les feuilles d'aloës, tient aussi une espèce d'écaille qui paraît de la même substance. Cueillez dans vos prés cette fleur plus agréable qu'utile, et qu'on nomme *crête de coq*, vous remarquerez les changemens successifs qu'éprouvent ses feuilles dans leur développement. Quand vous vous promenez sous vos tilleuls, observez la feuille d'un genre particulier qui est au dessus des fleurs réunies en bouquet. Enfin, dans la lavande qui parfume peut-être votre parterre, vous trouverez une collerette de feuilles colorées qui surmonte le bouquet de ses fleurs. Chacune de ces fleurs a donc à sa base sa feuille particulière, qui est une espèce de rejeton ou de pousse. Mais on ne retrouve pas par-tout la trace de cette feuille; quelquefois elle est entièrement avortée, et le bouquet de fleurs est tout-à-fait sans accompagnement, (n°. XLVIII,) ou n'a autour de sa base qu'une espèce de manchette, qu'on appelle *involucre*, (n°s. XXXI, LV.) Tels sont le cerfeuil, la carotte, et beaucoup de ces plantes qu'on appelle *ombellifères*. Quelquefois aussi, ces fleurs agrégées ne sont pas rangées circulairement, mais elles sont toutes tournées d'un côté, (n°s. XXIV, LXXVI.)

26. *Épis, grappes, corymbes.*

Dans quelques plantes, les fleurs ne sont pas tout-à-fait rapprochées, et ne forment pas un faisceau sans interstices. Il y a tel pétiole prolongé, tel rameau le long duquel les fleurs sont rangées, par étages, à différens intervalles. Si chacune de ces fleurs est sans péduncule, ou n'en a qu'un très-court en comparaison du péduncule principal, leur agrégation s'appelle épi ; (n°. XLVIII ;) et c'est ce dont le froment présente l'exemple le plus sensible.

Que si ces péduncules secondaires s'alongent sans approcher cependant de la longuenr du pétiole principal, et que leurs fleurs soient placées à différens étages, il en résulte ce qu'on nomme une *grappe*, (n°s. XX, XXII, XXIV, XXVIII, XXXVIII, XLIX, LXVIII) : telle est la floraison du groseillier.

Si ces petits péduncules naissent à différens intervalles, sur le péduncule principal, mais en s'élevant tous assez pour former avec lui une seule tête, on donne à cet assemblage de fleurs le nom de *corymbes* (n°s. IV, X.) C'est ce qu'on trouve dans le mille-feuille. Les épis, les grappes, les *corymbes*, peuvent être formés de la manière simple que nous venons de décrire ; mais dans chacune de ces espèces, il en est où l'ensemble se compose de plusieurs petites agrégations semblables. Ainsi, plusieurs petits épis se réunissent pour en former un seul ; plusieurs grappes réunies, (n°. LXXIX,) composent une seule grappe ; des assemblages de péduncules, dont chacun forme un petit *corymbe*, font, en se réunissant, un *corymbe* général.

27. *Fleurs en tête, fleurs en bouquet, fleurs verticillées.*

Lorsque de la base d'une feuille il sort un rameau principal, subdivisé en petits rameaux et chargé de fleurs, on voit au premier coup d'œil quel rang il faut lui assigner; mais si les pétioles de tous ces petits rameaux se raccourcissent au point de disparaître pour ainsi dire sous la floraison, alors toutes ces fleurs naissant de tous les côtés, forment ce qu'on appelle des *fleurs en têtes*, (nos. I, VI, VII, XVII.) Si elles sont posées les unes à côté des autres, dans une direction semblable, c'est un *bouquet* ou une *touffe*, (no. LV.) Mais figurons-nous près de deux feuilles placées l'une vis-à-vis de l'autre, de petits rameaux chargés de fleurs et embrassant circulairement la tige, nous aurons ce qu'on appelle une fleur en couronne.

Dans le trefle des prés, on trouve la *fleur en tête*; dans l'œillet des chartreux, la *fleur en bouquet*; dans la monarde et l'ortie morte, la *fleur en couronne*.

28. *Ombellifère, petit ombelle.*

Lorsque les diverses péduncules des fleurs partent d'un centre commun autour de la tige, comme les branches d'un parasol, les plantes qui portent de pareilles fleurs se nomment *ombellifères*; elles sont en grand nombre et se trouvent presque par-tout. En vous promenant dans vos prés, le long de vos haies, cueillez la première plante qui vous présentera la forme d'un ombelle ou parasol, (no. XLVI,) une branche de persil en fleur, par exemple, une branche de cerfeuil, de fenouil, etc. et vous aurez en main une *ombellifère*. Il y a cependant quelques fleurs qui, au premier aspect, leur ressemblent, sans devoir être rangées dans cette classe : telles sont celles du cerisier.

Dans les feuilles placées suivant un ordre symétrique, où les feuilles composées ont beaucoup d'analogie avec les petioles des fleurs disposés d'une manière régulière, nous avons appris à connaître les feuilles digitées et les feuilles ailées. Mais, chacune d'elles est quelquefois subdivisée en d'autres feuilles disposées de la même manière. Une feuille digitée, par exemple, peut porter trois pétioles à sa première division : si chacun d'eux porte une feuille, c'est une feuille de trefle ou trifoliée. Mais si chacun de ces pétioles se subdivise en trois, ensorte que la feuille totale soit composée de neuf folioles, c'est une feuille doublement triple ou *biternée*. Que si chacun de ces pétioles secondaires se subdivise encore en trois, de manière que l'ensemble soit de dix-huit feuilles, c'est alors une feuille trois fois triple ou *triternée*. Il y a de même des feuilles, simplement ailées, d'autres doublement, d'autres triplement ailées.

Il en est ainsi des ombelles; quelquefois ils sont simples. Mais il y a des plantes où chaque ombelle se divise en plusieurs autres petits. Telles sont les ombellifères que nous avons indiquées plus haut. On n'a remarqué aucune plante où les ombelles aient une seconde subdivision.

Chacun de ces petits rameaux ou pétioles étant un rejeton particulier, semblerait devoir être accompagné de sa feuille. On les trouve ainsi dans plusieurs des ombellifères; mais ces feuilles ne sont que des folioles menues, et comme avortées. Leur assemblage forme une espèce de manchette, tout autour et au dessous de l'ombelle. On l'appelle *involucre* ; quelquefois on le trouve autour du grand et autour de chacun des petits ombelles. Dans plusieurs plantes, il manque à l'un et à l'autre.

Lorsque les subdivisions de l'ombelle s'écartent de la règle que nous venons d'expliquer, et que les petits pétioles s'attachent non à un centre commun, mais à différens points du pétiole principal, comme dans le sureau, par exemple, l'assemblage circulaire des fleurs s'appelle, non pas ombelle, mais corymbe.

29. *Panicules.*

Il y a beaucoup de rameaux portant des fleurs qui ont une disposition irrégulière, semblable à celle des branches d'un arbre. On trouve dans les contrées septentrionales fort peu d'arbres dont le branchage soit arrangé en forme de guirlande ou en boule. La plupart sont partagés en grosses branches, et rameaux qui se subdivisent, à des distances inégales, en rameaux plus petits. Quand un ordre semblable règne dans la disposition des fleurs, elles forment ce qu'on appelle une panicule. C'est ainsi que sont presque tous les gramens, si on en excepte ceux qui sont en épis. Nous en citerons pour exemple le chiendent, le maïs, etc.

30. *Fleurs simples et fleurs composées.*

On donne en général le nom de fleurs aux asters, aux tournesols, aux pissenlits, au seneçon, au laitron, etc., comme on le donne à la rose. Il semble au premier aspect, que les unes et les autres ont une enceinte verte, puis une enceinte colorée, et dans le centre de ces deux enceintes, un grand nombre de parties délicates qu'on a d'abord de la peine à discerner. Voilà en gros ce que présentent toutes les fleurs à l'œil qui n'est point exercé à les observer ; il y a cependant une grande différence entre celles que nous avons indiquées et les fleurs simples. Ce qu'on ne trouve qu'une seule fois dans celles-ci, est répété presque à l'infini dans les autres ; en sorte que ces dernières sont plutôt des agrégations de petites fleurs, que des fleurs, proprement dites ; c'est ce que nous allons rendre évident.

Les fleurs simples contiennent ce qui est nécessaire pour la reproduction de l'espèce de plante à laquelle elles appartiennent. C'est une loi immuable de la nature pour la propagation de toutes ces productions dans le règne végétal comme dans le règne animal.

Pour atteindre ce but, la plupart des plantes contiennent des œufs ou semences dans une espèce de réservoir, qu'on appelle pistil, (*voy. fig.* 36 et 47, l'intérieur de ce réservoir.) Il est unique, ou plus ou moins multiplié dans le centre de la fleur. (*Voy.* cette diversité de pistils plus ou moins nombreux, et de formes différentes dans les *fig.* 18, 35, 39, 48, 84, 85, 88 et 92.) Outre cela les plantes ont des filets, qu'on nomme étamines, qui entourent le pistil, et auxquels tient une espèce de poussière destinée à féconder les germes. Autour de ces étamines est une enceinte de feuilles blanches ou diversement colorées, qu'on appelle *corolle*, (*fig.* 3, 14, 15, 16, 19, 22, 24, 25, 31, 35;) enfin, autour de la corolle une autre enceinte de feuilles ordinairement vertes, à laquelle on donne le nom de *calice*, (*fig.* 16, 22, 24, 25, 31.) Ces deux dernières enceintes abritent et protègent, pour ainsi dire, les parties de la fécondation, et même concourent à les perfectionner.

Où toutes ces parties se trouvent réunies, là est certainement une fleur, et une fleur parfaite. Nous parlerons ailleurs de l'absence de quelques-unes d'elles.

Prenons à présent un tournesol, la fleur d'un salsifis, ou celle d'une laitue et détachons quelques-unes des fleurettes qui sont amoncelées

amoncelées dans leur sein. Nous remarquerons au bout de chacune d'elles un petit sac contenant la semence destinée à mûrir, ou le germe, (*fig.* 94,) vers le haut, un tuyau coloré, une véritable corolle, dans l'intérieur de laquelle une petite étamine sert d'enveloppe à un filet qui prend sa naissance sur le germe. Chacune de ses parties prise à part, contient donc tout ce qui appartient à une véritable fleur, à une fleur complette ; et le tournesol entier, la reine-marguerite entière, etc., comprend une foule de ces fleurettes, et s'appelle une fleur composée, (*fig.* 93.)

Mais que sont donc ces feuilles colorées qui forment comme des rayons, (n°s. XII, XIII, LXIV, LXVIII), autour de cet assemblage circulaire de fleurettes, et présentent, dans le tournesol, par exemple, cette apparence qui lui a fait donner le nom vulgaire de *soleil*? Ce sont aussi des fleurs ; mais elles ne sont que femelles, parce qu'elles manquent, au moins pour la plupart, de ces parties qui portent la poussière fécondante, et qu'on trouve dans les autres. Pour éviter la confusion, nous nous réservons de présenter plus bas les autres détails relatifs à ces fleurs.

L'espèce de calice qui environne leur ensemble, n'est autre chose que l'assemblage des folioles que chacune des fleurettes devrait avoir, et qui, adhérentes à chacune d'elles, sont, comme elles, placées circulairement

D

autour du disque ; mais, de même que dans l'épi ou dans la grappe, les folioles supérieures sont plus petites que les inférieures ; de même celles qui, dans ces fleurs composées, naissent dans l'intérieur du disque, se rapetissent, perdent leur couleur et deviennent des espèces de paillettes ou de poils secs, ténus et roides, qui couvrent toute la surface du *réceptacle* commun des fleurettes. C'est ainsi que l'on nomme l'extrémité large et applatie du péduncule de la grande fleur. Ce réceptacle, dans lequel sont implantés les germes des fleurettes, n'est pas toujours garni de ces vestiges de folioles comme dans le tournesol, la camomille, le mille-feuilles. Quelquefois il est nud, comme dans l'aster, le pissenlit, la paquerette ; et lorsque toutes les fleurettes et leurs germes en sont détachés, ils offrent une surface où l'on retrouve dans un ordre symétrique les petites fossettes dans lesquelles les fleurettes étaient engagées. Suivant donc que ce réceptacle est garni de paillettes ou de poils, ou qu'il en est dépourvu, (n°s. LXIV, LXV,) il porte les épithètes, ou de *paléacé*, ou de *poileux*, ou de *nud*, (*receptaculum paleaceum*, *pilosum*, *nudum*.) Mais, au premier aspect de ces fleurs composées qu'on nomme aussi *radiées*, ces différences entre les divers réceptacles, qui sont cependant essentielles pour discerner l'espèce à laquelle elles appartiennent, ne sont pas sensibles ; et il faut en détacher les fleurettes du disque, pour caractériser le réceptacle sur lequel elles posent ; semblables à ces êtres d'un autre règne, qu'il faut étudier et, pour ainsi dire, éplucher pour savoir ce qu'ils portent dans leur sein.

31. *Pistil des fleurs.*

Dans l'intérieur de chaque fleur complette, il y a ordinairement un ou plusieurs corps d'une couleur assez généralement verte, et dont l'extrémité supérieure, plus ou moins renflée, est garnie de glandes, de barbes ou de soies. Ce corps principal sert d'enveloppe ou de réceptacle à un ou plusieurs autres petits corps qui sont les graines ou semences. Comme en se développant il devient fruit, on le nomme, avant son développement, le germe du fruit. (*Fig.* 36, 47.)

De ce germe s'élève ordinairement une sorte de filet délié qu'on a nommé *style*, et à l'extrémité duquel est la petite proéminence dont nous venons de parler. (*Fig.* 36, 38.) Quelquefois elle pose immédiatement sur le germe sans filet intermédiaire. (*Fig.* 47, 48.) Quand elle est simple, elle porte souvent un petit sillon qui ressemble assez à une cicatrice ; c'est ce qui lui a fait donner le nom de *stigmate*. (*Fig.* 48.)

L'ensemble de toutes ces parties de la fructification se nomme le *pistil*. Il est unique dans quelques fleurs, par exemple, dans celle du cerisier; multiple dans plusieurs autres, comme dans la rose. Ses formes sont très-variées. Dans certaines plantes il est isolé, renflé en ovale par le bas, terminé à l'autre bout par une espèce de touffe chevelue, (*Fig.* 37.) Dans d'autres, il s'épanouit vers le haut en forme d'éventail. (*Fig.* 46.) L'énumération de ces variétés serait fatigante pour des commençants, et ne ferait qu'embrouiller leurs idées. D'ailleurs, pour être intelligible, elle nécessiterait des notions que nous ne leur avons pas encore données; et c'est en botanique, surtout, qu'il faut aller du simple au composé. C'est même la seule méthode applicable à tous les systêmes.

Le pistil offre souvent, dans toute sa longueur, la trace très-distincte d'une suture qui se perd dans le stigmate, et alors la cicatrice du stigmate est aussi très-marquée. Les semences sont attachées intérieurement à cette suture (*Fig.* 36, 47); et c'est par-là que s'ouvrent ordinairement les fruits quand il sont mûrs, et quelquefois même avant qu'ils le soient, (n°. LXVIII.)

32. *Variété des formes du pistil.*

Le pistil simple, tel que nous venons de le décrire, se trouve dans chaque fleur du cerisier et de la vesce, (n°. LXXI;) mais il est rare qu'on le rencontre ainsi. Le plus souvent, comme dans les fleurs jaunes de la joubarbe commune, plusieurs de ces germes ou de ces enveloppes des semences sont réunis avec les filets, il est également rare de les voir isolés, (*fig.* 48;) très-souvent, au contraire, ils sont connexes, et ont à leur extrémité un style commun, (*fig.* 39, 49, 52.)

Dans ce cas, chacune des cavités du germe est fermée. Il résulte naturellement de la connexion de ces pistils que leur ensemble contient autant de cavités qu'il y en a dans le corps même d'où ils sortent. De-là viennent les loges qu'on remarque dans les pommes, dans les poires, dans les fruits du *carum carvi*, ou cumin des prés, qu'on trouve en si grande abondance dans les jardins. Ces cloisons, (*fig.* 50, 53,) qui forment les séparations entre les chambres ou loges du germe résultant de la connexion des pistils, proviennent de celles des petites capsules, contiguës les unes aux autres, qu'on observe dans ce germe avant son développement.

Il résulte aussi de cette connexion des pistils que l'on trouve souvent autant de styles et autant de stigmates que l'on compte de loges. (*Fig.* 52, 53.) Quelquefois, cependant, les pistils et les stigmates se réunissent en un seul corps. Alors, de deux choses l'une; ou, comme dans le lys et la tulipe, ils portent encore la trace de leur séparation originaire; ou bien, comme dans la fleur de la pomme-de-terre, cette séparation finit par n'être point du tout sensible. Examinez le lys, vous y verrez trois capsules connexes, un germe à trois loges, qui, ainsi que le filet, porte un triple sillon et un stigmate avec trois lèvres, dont chacune est posée directement au dessus d'une des trois loges du germe. Dans d'autres fleurs, on ne distingue pas à l'extérieur les marques de la connexité des divers élémens de la fructification. Il y a des gradations à l'infini dans cette connexité des parties du pistil, ainsi que dans les traces plus ou moins visibles auxquelles on la reconnait. Dans quelques plantes elle est sensible depuis l'origine du pistil jusqu'à son extrémité. Dans quelques autres, on l'observe distinctement sur le germe, et en suivant le pistil, on n'en retrouve plus l'indice. Dans plusieurs, très-remarquable sur le germe et le long du pistil, elle ne l'est plus à son extrémité supérieure. (*Fig.* 15, 18, 19, 37, 39.)

L'intérieur du germe présente les mêmes variétés. Dans le fruit du pavot, par exemple, on trouve les nombreux stigmates aussi connexes que le sont les différens germes et les différentes loges. Mais toutes les cloisons vont rayonner dans le contour intérieur de l'enveloppe, et laissent dans le milieu du fruit un intervalle vide. (*Fig.* 53.) Dans d'autres fruits, les cloisons se retirent encore davantage, et le germe, qui d'abord avait plusieurs chambres, finit par n'en avoir qu'une seule. (*Fig.* 56, 58.) Tout le contraire arrive dans d'autres fruits. Chacune de leurs loges éprouve de l'extérieur une telle pression vers l'intérieur du réceptacle commun, qu'elle finit par avoir sa cloison particulière, outre les deux entre lesquelles elle est renfermée; en sorte que le nombre des cloisons paraît être double de ce qu'il devrait être. Qu'on examine attentivement la figure 58, on verra que le fruit qu'elle représente n'a proprement que cinq loges; mais que le contour extérieur de chacune d'elles a, vers le milieu, un enfoncement, d'où part une cloison aussi complette que les autres, et qui la sépare en deux; de là dix cloisons apparentes, tandis qu'il n'y en a que cinq de véritables. On ne peut trop admirer cette prodigieuse variété de combinaisons par lesquelles la nature passe, par des nuances insensibles, des formes les plus simples aux plus compliquées; en sorte que celles-ci n'ont plus aucun trait de ressemblance avec les premières, quoiqu'elles aient les unes et les autres une origine commune.

33. *Etamines des fleurs.*

Dans le centre de la fleur, autour et près de son pistil unique, ou de ses divers pistils, sont placés d'autres corps ordinairement minces et allongés, qui, lorsqu'elle est entièrement épanouie, quelquefois même avant qu'elle le soit, se couvrent d'une espèce de poussière. Ces petits corps se nomment *étamines*. (Voyez-en de diverses formes aux *fig.* 11, 13, 15, 18, 19, 23, 26, 35, 39, 45, 83, 91, 92.) Ils portent à leur extrémité de petites capsules qui, en s'ouvrant, laissent échapper la poussière qu'elles contiennent. On les nomme *anthères*.

Communément il y a deux petites capsules accolées, qui ne forment, par leur réunion, qu'une seule anthère. (*Fig.* 13, 23, 39, 40.)

C'est encore ici que la nature est féconde en variétés; et ce serait une tâche vraiment amusante que de les parcourir toutes : ce que les bornes de cet ouvrage ne nous permettent pas. Dans l'étamine, l'anthère est la partie essentielle. Il y a même des fleurs où l'anthère touche immédiatement au germe, et compose elle seule toute l'étamine. (*Fig.* 86.) D'autres, où au lieu d'un simple filet, elle a pour appui une sorte de base, épaisse et allongée. (V. *fig.* 86.) Pour avoir au moins une idée de cette variété, comparez ensemble les étamines de la tulipe, de la rose, de la mauve, de la sauge, du laurier-rose, de la pomme-de-terre et du froment, et vous verrez comment chacune d'elles est caractérisée d'une manière distincte. Leur destination est la même; mais quelle diversité dans leurs formes! elles ressemblent à des alênes, à des rubans, à des massues, à des boules, à des éventails, à des dents; tandis que les anthères sont en forme de reins, de cœurs, de boules, de disques, de flèches, de rubans, de spirales, de serpens, etc. (*Fig.* 19, 23, 26, 39, 41, 44, 88, 98, 99.) Les unes et les autres sont ou isolées, ou réunies en forme de tuyaux (*fig.* 94, 95) ou de faisceaux (*fig.* 44, 45) : elles sont ou de même hauteur ou de hauteur inégale (*fig.* 13, 18, 19, 21) et ont différentes directions. Les anthères s'ouvrent communément à la suture de chacune des capsules, quelquefois aussi par un orifice particulier, ou par une espèce de soupape. (*Fig.* 19, 40, 41, 43.)

Cette poussière fécondante que portent les étamines, et qu'on appelle *pollen*, paraît, au premier coup-d'œil, à-peu-près la même dans toutes les plantes. Il y a cependant entre le pollen d'une fleur et celui d'une autre des différences aussi marquées qu'entre les fleurs elles-mêmes. Dans chaque espèce, chacun des grains imperceptibles de cette poussière a une forme particulière, qui est toujours la même dans tous ceux de la même espèce. Ces grains sont ou ronds ou anguleux, simples ou doubles, lisses ou velus, etc. Nous ne pouvons donner qu'une très-légère esquisse de ce tableau si magnifique et si varié. Mais quelle vaste carrière à parcourir pour l'observateur attentif! Il y verra que ce n'est pas un vain caprice qui a présidé à cette admirable diversité; mais que toutes ces formes différentes ont été données pour un but déterminé, qui ne manque jamais d'être atteint.

34. *Corolle des fleurs.*

Nous voilà à la partie la plus apparente de la fleur, à celle qui communément est prise pour la fleur elle-même. C'est elle qui embellit les parterres pour nos yeux, qui émaille les prairies. C'est elle dont les nuances appellent les pinceaux.

La corolle, (nos. V, XV, XVII, XXI, XXVIII, XXXIV, XLII, etc.) est cette enceinte délicate, colorée, et le plus souvent passagère, qui entoure de plus près les étamines, et sous la garde de laquelle la nature a mis les organes fragiles de la fructification. D'abord elle enveloppe en entier les pistils et les étamines, jusqu'à ce qu'ils soient complettement formés. Elle s'épanouit ensuite sous les plus belles formes, se pare de nouvelles couleurs, exhale les odeurs les plus suaves. C'est le moment brillant de la vie des plantes. C'est celui où se prépare leur propagation.

Ordinairement la corolle embrasse circulairement les étamines, comme celles-ci entourent les pistils. Cette enceinte, formée par la corolle, est variée presqu'à l'infini. Elle figure des tuyaux (no. XVI,) des boules (no. XLVIII,) des cloches (no. LX,) des étoiles (no. XIX,) des gueules entr'ouvertes d'animaux (nos. XXVII, XXXV,) des massues (no. XVII,) des bordures (no. XXXII,) des coussins (no. LXXII, etc.) (*Fig.* 12, 15, 35, 16, 19, 20, 22, 24, 25, 27, 31, 94.)

Ou la corolle consiste en plusieurs folioles (qu'on nomme *pétales*,) rangées circulairement. On la nomme alors *polypétale*; (*fig.* 12, 14, 15, 16, 17, 19, 27, 30, 31, 34, 35): ou elle ne forme qu'un seul tuyau ou une seule enveloppe, qui, seulement vers les bords, se divise en languettes ou en festons, et on l'appelle *monopétale*. Quelquefois la corolle paraît polypétale, lorsqu'elle n'est réellement que monopétale. C'est qu'alors la pétale unique est profondément dentelée ; mais qu'on la détache du germe sur lequel elle pose, et la méprise cessera.

35. *Calice des fleurs Nectaires.*

Les poètes appeleront calice des fleurs, cette enveloppe colorée que nous venons de nommer corolle, et y enverront butiner les abeilles. Les botanistes ont un autre vocabulaire. Pour eux le *calice* est cette autre enveloppe qui entoure extérieurement la corolle, qui est, pour l'ordinaire, plus petite, plus coriace qu'elle, de couleur verte, et qui souvent survit à la floraison. Le calice se distingue de la corolle par sa position, (n°. LXXXIII,) sa couleur, (n°. LXXVII,) sa substance et sa durée, (n°. XXVI.) Il a d'ailleurs avec elle plusieurs analogies : il est, comme elle, d'une ou de plusieurs folioles, en forme de tuyau, de gueule ou de cloche, etc.

Elle lui ressemble d'ailleurs dans une autre circonstance. L'une et l'autre contiennent un suc mielleux, placé, soit à l'extrémité des tuyaux, soit au fond des cavités des folioles, dont ils sont composés l'un et l'autre ; (l'impériale et le lys) (n°. XXI,) ou, lorsque ces cavités sont fort allongées, ce suc a pour réservoir des éperons particuliers ; (n°s. XXXV, XXXVI, XLIX ;) (l'ancolie, le bec d'oiseau ou *delphinium*, la violette, la capucine, etc.) Plus rarement ce suc est placé dans de petits sacs qui occupent l'intérieur de la corolle, (nos. LVII, LVIII,) comme le napel aconit et le carvi, ou cumin des prés. Il est la nourriture des abeilles et d'une foule d'insectes. C'est même aussi celle de ce petit oiseau de l'Inde à bec affilé, qu'on nomme *colibri*. Le calice et la corolle sont quelquefois pourvus d'ornemens particuliers, comme de dentelles, de bordures, de franges, etc. (nos. III, XXXI, LX, LXXXIII.) Dans quelques fleurs l'une de ces enveloppes est double, comme le calice dans les mauves, (nos. XLII, XLIII.) D'autres, comme les tulipes, n'ont d'autre calice que la corolle elle-même, (*fig.* 3, 15.) Quelques-unes, comme les fleurs des graminées, ont le calice pour seule enveloppe de la fructification, (*fig.* 86, 89, 91, 92.) Il en est, enfin, dont le calice et la corolle sont connexés, tant à l'extérieur qu'à l'intérieur ; telles sont plusieurs espèces de liliacés. (*fig.* 35.)

36. *Origine du calice et de la corolle.*

Le calice de la rose porte des marques distinctes de son analogie, avec les feuilles velues de sa tige. Il en est ainsi de beaucoup d'autres calices. Il ne diffère donc essentiellement des feuilles que par sa position circulaire. Plusieurs de ces feuilles, rappetissées, placées en cercle, et, comme dans la rose, réunies par le bas, formeraient donc, dans beaucoup de plantes, un véritable calice. La superficie, les sucs, la couleur et autres parties, confirment encore cette analogie. (Nos. VIII, XVII, XXXIII, XXXVI, XXXVII, LX, LXXXIII.) Dans quelques cas, on reconnaît évidemment le passage du calice à la corolle. Il est donc vraisemblable qu'ils ont aussi une origine commune. Considérez la fleur du tilleul, la fleur de la pistache, et vous n'aurez plus de doute sur la ressemblance que ces deux enveloppes ont entr'elles.

Quand nous avons une fois reconnu la ressemblance des feuilles isolées de la tige, avec les folioles circulaires du calice, nous ne pouvons plus nier qu'elle n'existe aussi, à l'égard de la corolle. La position circulaire des folioles du calice et celle des pétales de la corolle, indiquent déja que ces folioles, ainsi que ces pétales, tendent à se rapprocher, et ce rapprochement finit par devenir, dans quelques plantes, une véritable incorporation. (*Fig.* 14.) Alors la corolle est *monopétale*, et le calice est *monophylle*. Plusieurs cas prouvent les gradations par lesquelles passe cette incorporation ou cette connexion des pétales et des folioles. On trouve même certaines espèces de plantes qui ont des fleurs polypétales, tandis que d'autres, qui n'en sont que des variétés, ont des fleurs monopétales, et *vice versâ*; il est des plantes à fleurs monopétales avec des variétés à fleurs polypétales. (N°. XXXIII.)

La corolle, en forme de tuyau, du narcisse, n'est donc, dans le fait, autre chose qu'un assemblage de feuilles de la tige, dont la position, la forme et la couleur éprouvent un changement en se rapprochant des étamines et du pistil, jusqu'à ce qu'elles ne forment plus qu'un seul corps, et deviennent ce que les botanistes français appellent *connexes*. Il y a plus, on voit la trace de la séparation s'effacer par degrés, à mesure qu'elles se réunissent. (*Fig.* 15, 14, 92, 91.)

37. *Situation des parties de la fleur, leur nombre et leurs rapports entr'elles.*

Toutes les parties de la fleur que nous venons de décrire, sont proprement placées les unes à côté des autres, à l'extrémité de sa queue qu'on nomme pétiole. Mais souvent, lorsqu'aucune d'elles ne manque, elles paraissent sortir les unes des autres. Ainsi, la corolle semble naître du calice, (*fig.* 12;) le calice ou la corolle elle-même du germe, (*fig.* 15;) les étamines, enfin, du germe, (*fig.* 15;) du calice, (*fig.* 46;) de la corolle, (*fig.* 21, 26,) du style et du stigmate. Tout ceci n'est cependant qu'une illusion. Les parties qui semblent sortir d'autres parties, ne font corps avec celles-ci que jusqu'au point de leur séparation et suivent leur direction particulière.

Quand la fleur n'a pas, vers ses bords, une configuration régulière, et qu'elle n'est pas subdivisée d'une manière symétrique, souvent toutes les parties de la fleur participent de cette irrégularité, et chaque portion individuelle se modèle, pour ainsi dire, sur le tout. (Nos. XXII, XXIII, XXVI, XXIX, XXXV, XXXVI, XXXVIII, XLVII, LXII, LXIII, LXVIII, LXXV.) C'est ce que l'on verra évidemment dans la fleur de la sauge, dans celle du lamier blanc et dans d'autres fleurs en gueule, (*fig.* 19, 22, 23, 31, 34, 45.)

La même observation peut se faire aussi, quant au nombre des parties de la fleur. Souvent on trouve qu'elles sont toutes, ou du moins la plupart, en même quantité, (nos. XVI, XXI, XXXIII, XXXIV, XL, LIV, LXI;) qu'il y a, par exemple, cinq folioles au calice, cinq pétales à la corolle, dix étamines, un pistil divisé en cinq; (*fig.* 11, 12, 15, 19, 24, 25, 26, 31, 34.)

Le règne végétal paraît aussi affectionner certains nombres. Celui de cinq est le plus généralement répandu. Dans les étamines en particulier, c'est ce nombre et celui de dix qu'on retrouve le plus souvent; on dirait que la nature les a destinées aussi à présenter des argumens en faveur du calcul décimal. Tous les autres nombres sont plus rares; et, sans en excepter celui de quatre, ils paraissent tous résulter de quelque accident qui a supprimé ou fait avorter quelques-unes des portions de la plante. Le nombre trois, porté à six dans quelques plantes, à neuf dans quelques autres, semble cependant attaché à certaines espèces qui ont entr'elles des analogies. Tels sont les lys et les gramens, (*fig.* 3, 35, 86,) dont nous parlerons plus au long dans la suite.

Les variations dans la position respective des parties de la fleur entr'elles, méritent aussi d'être remarquées. Elles ne sont pas toutes les unes derrière les autres. Lorsque toutes ou du moins la plupart, sont en même quantité, c'est-à-dire, lorsqu'une fleur a, par exemple, un calice à cinq folioles, une corolle à cinq pétales, il y a ordinairement entr'elles une sorte d'arrangement symétrique. Ainsi, dans ce cas, les pétales sont placés dans les interstices des folioles, les étamines dans les interstices des pétales, de manière qu'elles répondent aux folioles du calice, (*fig.* 12, 15, 21, 23, 26.) Lorsque le calice et la corolle sont incorporés, ou que le calice parait seul, les étamines se trouvent placées vis-à-vis les folioles dont il est composé, (*fig.* 35, 36.)

38. *Fructification des fleurs.*

Il est généralement connu que le fruit parait après la fleur, et il ne faut pas avoir été un observateur bien attentif pour avoir remarqué que les parties renflées, qui sont dans l'intérieur l'intérieur de la fleur, deviennent le fruit. La cerise, par exemple, n'est autre chose que le germe, qui grossit et se remplit de jus en perdant le style et le stigmate qu'il portait pendant la floraison. Ce germe, en se développant, devient charnu. Il se forme dans son intérieur un noyau dur qui, lui-même contient une petite amande destinée à devenir la semence.

Examinons de plus près quel est le rapport que les autres parties de la fleur ont avec la formation du fruit.

Ce n'est pas le pistil qui, par lui-même, se change en fruit; il a besoin pour cela du secours des étamines. C'est ce que nous apprennent les plantes dont le même individu ne porte pas à la fois le pistil et les étamines. On en trouve dans les jardins botaniques qui, n'ayant que le pistil, vivent plusieurs années dans une parfaite stérilité, comme les femelles qui, dans le règne animal, sont séparées du mâle. Et pour qu'il ne manquât rien à ce phénomène, autrefois seulement soupçonné, à présent tout-à-fait incontestable, on a observé que les fruits de ces plantes mûrissaient, et devenaient féconds aussitôt qu'on avait porté près d'elles une plante de la même espèce, mais pourvue d'étamines. Nous avons dans nos potagers une preuve plus facile à acquérir de ce fait. Elle nous est offerte par la plus volumineuse de leurs productions, par les citrouilles, qui ne donnent point de fruits mûrs si, avant que leurs fleurs s'épanouissent, on coupe celles qui portent des étamines. Veut-on encore une preuve aussi frappante, mais moins à la portée des observateurs d'Europe? Dans les pays chauds, on cultive les pistaches et les dattes : ces fruits croissent sur des arbres qui n'ont point d'étamines. Elles ne se trouvent que sur des arbres tout-à-fait différens, dont la culture est d'ailleurs peu profitable. On s'attache donc surtout à celle des premiers. Mais ceux-ci ne donneraient point de fruits, si on n'élevait pas aussi quelques arbres mâles, qu'on emploie à féconder les autres en secouant leurs étamines sur les fleurs femelles qui doivent donner des fruits. Cette manière artificielle de suppléer à l'ouvrage de la nature, varie suivant les pays. Il en est où les gens de la campagne cueillent les chatons des fleurs du pistachier mâle, au moment où ils vont s'ouvrir, les placent dans un vase, enduit de terre mouillée, attachent ce vase à une branche de pistachier femelle jusqu'à ce que la poussière de ces fleurs, quand elles sont desséchées, soit disséminée par le vent sur sout l'arbre qu'elle doit féconder. Dans d'autres pays on cueille les fleurs mâles, on les enferme dans un sac pour les faire sécher, et on en répand la poussière sur les fleurs à mesure qu'elles s'épanouissent. Si la nature a rapproché les pistachiers mâles des pistachiers femelles, le vent seul peut porter sur ceux-ci la poussière fécondante.

39. *Véritable cause de la fructification.*

Le seul examen attentif, des petits grains de *pollen*, ou poussière des étamines, suffit pour faire présumer qu'ils sont destinés à quelque but particulier. Dans chacun d'eux, vu au microscope, on apperçoit une liqueur huileuse qui humecte cette matière dont les abeilles composent la cire. Quand ces petits grains sont velus, et qu'on les met dans l'huile, on voit cette liqueur s'écouler par leurs poils, comme par autant de vaisseaux excrétoires, (*fig.* 83.) On est même parvenu à féconder les pistils avec cette seule substance huileuse, en le déposant sur le stigmate, où s'opère ordinairement cette fécondation. C'est en effet au dessus de cet organe sexuel qu'on voit, comme suspendus, les petits grains de *pollen* dans les fleurs épanouies; c'est par lui que les semences croissent, et se développent dans le fond du pistil. Les grains du *pollen* eux-mêmes ne peuvent arriver à la semence; le chemin leur en est fermé. Ce n'est qu'une liqueur bien plus subtile qui, pompée par le stigmate, parvient jusqu'à elle. Cette substance est d'une nature inflammable. Elle explique l'apparition de ces prétendues *pluies de soufre*, qui ne sont autre chose que de la poussière d'étamines, dont se couvre la surface des eaux dans les tems de pluie et d'ouragan, surtout près des lieux où les pins abondent : la poussière des étamines de ces arbres ressemblant assez au soufre végétal. La sécheresse du stigmate et l'humidité de la poussière sont également contraires à la fructification, et confirment le rapport que nous venons d'établir.

40. *Moyens employés par la nature pour favoriser la fructification.*

Les fleurs dont le style est plus allongé que les étamines, comme dans le martagon, par exemple, se penchent à l'époque de la floraison, ou lorsque les anthères s'entr'ouvrent, afin que la poussière fécondante, puisse tomber sur le stigmate qui se trouve alors plus bas; et elles se relèvent à l'époque de la maturité. (nos. XVI, XXXI, XL, LIX.) Que si dans une fleur placée de travers, comme dans la fraxinelle, les étamines dépassent le stigmate, elles se courbent de manière que celui-ci puisse recevoir le *pollen*, et ensuite elles se redressent, (nos. XXXVI, LXXV.) L'intention de la nature ne saurait être plus visiblement prononcée. Dans la rue, chaque étamine, ou chaque paire d'étamines, l'une après l'autre, se renverse du bord de la corolle vers lequel elle est tournée, vers le stigmate très-court qui est placé dans le milieu de la fleur; et le stigmate se trouve ainsi touché par toutes les anthères entr'ouvertes.

Examinez une plante que vous trouvez à

chaque instant à vos pieds et dont vos mains doivent se garantir, l'ortie, vous verrez que les étamines des fleurs qui ne sont que mâles, sont repliées intérieurement comme des ressorts. Quand elles peuvent s'ouvrir, elles se replient rapidement en arrière, et par ce mouvement brusque, secouent leur *pollen* qui s'échappe comme un petit nuage de ses capsules entièrement ouvertes. Dans le jonc des marais, la sagitaire, et même dans les aunes et les coudriers, les fleurs qui portent des étamines ou fleurs mâles, sont placées de manière que la poussière tombe d'elle-même sur les fleurs à pistil ou fleurs femelles. Cette observation peut se faire très-distinctement sur le maïs ou bled de Turquie. Voyez dans le tems de la floraison, les étamines en touffes placées verticalement au dessus de l'endroit où doivent se former les gros épis de cette plante. La poussière s'en détache pour tomber sur l'extrémité des pistils, qui sortent de leur gaîne renflée, et au bas desquels sont les embryons des graines. Ici il ne faut ni loupe ni attention fatigante. Le maïs est une des plantes où les mystères de leur génération sont révélés en caractères intelligibles, même pour les myopes pris au sens physique, comme au sens moral.

Une autre merveille presque aussi facile à saisir, est celle que nous offrent la renoncule d'eau qui nage, pour ainsi dire, sur les fleuves et sur les ruisseaux; la *nymphea* et la plupart des plantes aquatiques. Elles remontent sur l'eau au tems de la floraison, y déploient leurs fleurs; et, lorsque leur *pollen* en plein air, s'est répandu sur les stigmates, elles replongent leurs fleurs ou se replongent elles-mêmes sous les eaux.

41. *Véhicules extérieurs de la fructification.*

Quelques plantes d'une même espèce sont, les unes pourvues seulement d'étamines, les autres seulement de pistils, et les mâles sont à quelque distance des femelles. La nature les a attachées à la terre, et l'amour ne peut les rapprocher. Comment leur fructification va-t-elle donc s'opérer? Le figuier est encore dans une situation plus singulière. Les pistils sont renfermés dans l'intérieur même de la figue, qui a usurpé le nom de *fruit*.

Enfin, il y a des fleurs, qui, pourvues à la fois de pistils et d'étamines, ont perdu depuis long-tems leur poussière prolifique, lorsque leur stigmate s'entr'ouvre pour la recevoir.

Ces fleurs ne peuvent donc pas, ou ne peuvent que difficilement être fructifiées de la manière ordinaire. Le *vent* peut à la vérité, porter sur des fleurs à pistil qui sont éloignées, la poussière des mâles de leur espèce; mais ce moyen paraît trop accidentel.

L'entremise des insectes est bien plus efficace. Ils portent, par exemple, la poussière de certaines figues des pays chauds, formées comme les autres, mais ne mûrissant jamais, dans les cavités de celles qui sont pourvues de pistils; et ils opèrent ainsi leur fécondation. Attirés sur une fleur à étamines par la poussière prolifique et par le suc mielleux qu'elle contient, elles s'approchent par une espèce d'instinct, d'une fleur à pistil de la même espèce, et déposent sur celle-ci, les grains de *pollen* qu'ils ont recueillis. Ils vont de même des jeunes fleurs, qui, avant que le stigmate soit entr'ouvert, épanchent déja leur poussière trop hâtive, à d'autres fleurs plus anciennes qui n'entr'ouvrent leurs stigmates que longtems après que leur poussière a été répandue.

42. *Sexe et amour des plantes.*

Nous en avons dit assez pour laisser soupçonner que les plantes connaissent la différence des sexes, et ne sont pas étrangères à cet instinct amoureux dont le nom seul fait palpiter tout cœur sensible. Chez les animaux, la différence des sexes est marquée à des caractères trop visibles, pour que l'on puisse s'y méprendre. Dans chacune de leurs espèces, ou au moins dans presque toutes, l'individu mâle est parfaitement distinct de l'individu femelle. Il ne faut qu'un léger degré d'attention pour appercevoir, entre les animaux de sexe différent, cet attrait réciproque, ces soins empressés, ces gages de tendresse, et jusqu'à ces manèges de la coquetterie, qui, dans l'espèce humaine, se trouvent seulement portés à un degré plus raffiné, si toutefois elle n'a pas, à quelques égards, des leçons de délicatesse et de fidélité à prendre à l'école de ces créatures qui, sous d'autres rapports, paraissent lui être si inférieures.

Dans chacune de leurs espèces il est des individus qui contiennent en eux-mêmes le germe d'autres individus semblables à eux, mais qui ne peuvent *seuls* lui donner son développement. Lorsque ce secours indispensable leur a été prêté, ils conservent dans leurs flancs ce germe fécondé, jusqu'à ce qu'il ait atteint une certaine perfection; et lorsqu'il a été mis au jour, ils prennent souvent de lui le soin le plus affectueux. Ces individus sont *les femelles*. D'autres animaux de la même espèce ne portent pas ces élémens d'un nouvel être semblable à eux; mais ils sont doués de la faculté de concourir avec les femelles à leur donner la vie, et ce sont *les mâles*.

Il n'y a qu'un infiniment petit nombre d'animaux qui, comme les limaçons, sont à la fois mâles et femelles; et cependant, ce n'est que par la réunion de deux individus de cette espèce qu'elle est propagée. C'est précisément l'opposé dans le règne végétal. Les plantes hermaphrodites, ou plantes portant les deux sexes, sont la règle à laquelle il n'y a que peu d'exceptions. C'est pour cela, et aussi à cause de la configuration étrange des organes de la génération, que ce n'est que par des comparaisons et des observations multipliées, qu'on a pu parvenir à reconnaître le sexe des plantes et à se convaincre des affections amoureuses qui en sont le résultat.

Les pistils indiquent le sexe féminin. Ils contiennent les œufs ou les semences qui parviennent à la maturité, lorsqu'ils ont reçu une sorte de provocation extérieure; alors ils acquièrent d'eux-mêmes leur développement ultérieur, comme des œufs d'insectes lorsqu'ils ont été fécondés et pondus. Les étamines sont les parties mâles de la plante. Sans le secours de leur poussière prolifique, les œufs du pistil ne pourraient acquérir de croissance; ou du moins, s'ils croissaient, ils ressembleraient à ces œufs d'oiseaux, qui, lorsqu'ils n'ont pas été fécondés, sont inhabiles à la propagation de leur espèce.

43. *Position des sexes dans les plantes et les fleurs cinzeles.*

La plupart des fleurs sont donc *hermaphrodites;* mais cette règle générale souffre plusieurs modifications. Toutes ces fleurs, quoique contenant dans leur sein l'apparence des organes de la reproduction, ne sont pas également productives. Il en est d'abord qui ont, à la vérité, pistil et étamines, mais dans lesquelles l'une ou l'autre de ces parties n'a pas les qualités requises; les étamines sont sans poussière prolifique, ou le pistil ne peut parvenir à sa maturité.

La même chose arrive dans d'autres fleurs, et montre clairement comment se forment celles qui n'ont qu'un sexe. On voit, dans quelques plantes, une des espèces de parties sexuelles, soit les pistils, soit les étamines, perdre sa forme et ses propriétés, sans cependant disparaître entièrement. On reconnaît encore la place que les pistils ou les étamines devaient occuper. On retrouve autant de rudimens avortés, qu'il devait y avoir de pistils ou d'étamines. Cette particularité est surtout très-apparente dans quelques fleurs du genre des citrouilles. Au milieu de la fleur mâle, à la place du pistil, on voit une glande à trois languettes, formée comme le stigmate du style parfait de la fleur femelle; et autour de cette glande sont rassemblés, dans la même quantité que les étamines de la fleur mâle, les avortons des étamines qui semblaient destinés à trouver aussi leur place dans la fleur femelle.

Mais enfin, dans cette plante et les autres de la même espèce, ces vestiges passagers des parties sexuelles qu'elles ne doivent pas conserver, disparaissent; et les fleurs ne sont plus que mâles ou femelles. Si le cas précédent ne nous était pas connu, nous croirions que ces séparations des parties sexuelles entre deux individus sont pour ces plantes la véritable loi de la nature; que tel était son vœu dans leur formation originaire : mais l'observation que nous venons de faire nous apprend qu'elle avait ébauché une fleur hermaphrodite, et que la disparition d'une des parties sexuelles n'est que le résultat d'un avortement.

Ces parties sexuelles, ainsi séparées, sont ou sur la même plante, comme dans le coudrier et l'aune, ou elles sont réparties entre deux individus de la même espèce. Le bled de Turquie dont nous avons parlé plus haut, offre encore un exemple du premier cas. Une espèce de lychnis, qu'on appelle *dioïque*, et qui jonche les chemins, les prairies de France, en présente un du second. Tels sont aussi les saules, sur lesquels cependant il se trouve aussi des fleurs hermaphrodites ; ce qui vient à l'appui de ce que nous avons dit dans l'alinea précédent.

Enfin, il y a encore des espèces de plantes parmi lesquelles quelques individus portent des fleurs hermaphrodites, et d'autres qui n'en ont que de mâles, ou que de femelles. On trouve des exemples de ces variétés dans la pariétaire, dans le frêne, dans les caroubiers. La pariétaire porte à la fois, sur le même individu, des fleurs hermaphrodites et des fleurs seulement femelles. Tel frêne n'a que des fleurs femelles ; et tel autre en a d'hermaphrodites. Il y a trois espèces de caroubiers : l'une ne porte que des fleurs mâles, l'autre que des fleurs femelles ; la troisième en a d'hermaphrodites. Mais cette distribution de fleurs différentes par la réunion ou la séparation des sexes, est surtout apparente dans les fleurs dites *radiées*, comme les asters, les chrysanthèmes, les paquerettes, où les fleurs hermaphrodites occupent le disque, et où les fleurs purement femelles forment un rayon autour de la circonférence, (n°s. LXIV, LXVII.)

44. *Fleurs naturellement simples qui deviennent pleines.*

Les fleurs pleines ont quelques rapports avec les fleurs radiées; tout le monde connait la différence entre les roses simples et les roses pleines. Ce sont celles-ci proprement, (n°. XXXVII,) qui, par l'élégance de leurs formes, l'aimable couleur de leurs feuilles touffues, les doux parfums qu'elles exhalent, ont obtenu le premier rang parmi les fleurs. Dans nos jardins on trouve encore la même différence entre fleurs simples et fleurs doubles, chez les pavots, les campanules, dites vulgairement *cloches*, les jacinthes, les fleurs de grenadier, les mauves, les anemones, les renoncules; et on peut appliquer à toutes ce que nous allons dire des roses.

Comparez une rose simple avec une double, vous remarquerez dans la première cinq pétales seulement et un grand nombre d'étamines, comme dans les fleurs du même genre et plusieurs autres; par exemple, les fraises, les framboises, etc. Tout le contraire se trouve dans la rose double. Le nombre des pétales y est augmenté ; celui des étamines diminué, (n^{os}. V, LI :) ce qui doit déja porter à soupçonner que les unes ne se multiplient qu'aux dépens des autres.

Un examen plus suivi convertit cette conjecture en certitude. On voit les étamines les plus rapprochées du centre conserver toute leur perfection; celles qui les entourent immédiatement porter déja à leur filet, près de l'anthère, une sorte d'excroissance qui tient de la feuille, et plus extérieurement quelques-unes qui sont de vrais pétales, à cela près que l'anthère se trouve encore à leur extrémité ; les suivantes n'en ont plus qu'un léger vestige; les dernières enfin, sans compter les cinq véritables pétales, ne conservent absolument plus rien de l'étamine. On ne remarque pas toutes ces diverses nuances dans chacune des fleurs ; mais elles paraîtront sensibles, si on considère plusieurs fleurs attentivement. On les remarquera avec plus de facilité encore dans le pavot plein des jardins qui se distingue du pavot naturel, pourvu de quatre pétales seulement.

L'altération des étamines et surtout celle de leur filet est l'accident qui rend le plus ordinairement les fleurs pleines; mais elle n'est pas le seul. Dans certains cas, rares à la vérité; les styles de la rose et ceux de quelques autres fleurs moins connues, se convertissent de la même manière en pétales.

45. *Fleurs naturellement pleines.*

Le nombre des pétales est le plus communément de trois, de cinq ou de six. Il est souvent aussi de quatre et de huit, rarement de deux, de sept ou de neuf. On ne trouve guères un plus grand nombre de pétales qui soit déterminé et constamment le même. Il est des plantes chez lesquelles quelques pétales de plus ou de moins ne font aucune différence, (n°s. VIII, LVIII.) Parmi les plantes de cette espèce, nous ne citerons que la plus connue, la *nymphea*.

Cette fleur est au fond dans le même cas que la rose pleine. Ses quatre ou cinq pétales extérieurs sont, comme dans la rose, les pétales essentiels. Ils se distinguent aussi par leur grandeur et leur forme ; les autres, en se rapprochant du centre, s'altèrent insensiblement et prennent la nature des étamines.

Les *nymphea* ayant été trouvées de tout tems dans cet état, on doit, malgré leur grande ressemblance avec les fleurs qui ne sont pleines qu'accidentellement, les regarder comme des fleurs que la nature a formées pour être pleines, et qui ne s'écartent jamais de cette règle.

Il est à présent bien facile d'appliquer cette observation aux fleurs radiées, comme les asters, les reines - marguerites, les tournesols, etc. Les fleurettes du rayon ne sont autre chose que de petites fleurs pleines, (nos. XII, XIII, LXIV, LXVII;) elles diffèrent par-là des autres non-pleines qui composent le disque de la grande fleur. Les unes et les autres se ressemblent par la forme inférieure à l'endroit où elles posent sur le germe, et par le commencement de leur tuyau; mais elles diffèrent par leur extrémité supérieure. Toutes ces petites fleurs du centre ont une corolle à cinq dentelures, et outre le style, un tuyau composé de cinq étamines connexes. Celles du rayon, au contraire, n'ont qu'une corolle, beaucoup plus grande, fort alongée, étendue d'un seul côté en forme de ruban, et qui n'est dentelée qu'à l'extrémité; mais elles n'ont point d'étamines. Il est visible que c'est aux dépens de celles-ci que leur corolle a acquis ce développement.

D'autres circonstances rendent cette explication encore plus incontestable. Les fleurs radiées, qui sont cultivées dans nos jardins, deviennent pleines aussi; et les fleurettes intérieures éprouvent, par la culture, la même modification que celles de l'extérieur reçoivent de la nature. De plus, dans quelques fleurs radiées naturelles on trouve encore au rayon les traces des filamens des étamines; mais on n'y trouve point d'anthères. Cette herbe qui croît spontanément dans presque tous les jardins, le seneçon, a des pointes de calice brûlées, comme d'autres plantes cultivées pour l'ornement, comme la jacobée, par exemple.

L'une et l'autre sont des espèces de fleurs composées; mais l'une n'a point de rayon, et la nature en a décoré l'autre. La tanaisie n'en a pas proprement; mais dans les étés où la chaleur est forte, il sort quelquefois de son disque une ou deux fleurettes, qui semblent être l'échantillon ou l'ébauche d'un rayon : à-peu-près comme les femmes brunes et d'une forte complexion ont une sorte de poil folet, qui ressemble beaucoup à cet ornement masculin que la nature a refusé à leur sexe.

46. *Ce qui forme le véritable fruit.*

Le fruit, ainsi que chacun sait, succède à la fleur. Sous ce nom, on entend communément un corps qui se forme dans le sein de la fleur, croît et grossit quand elle est fanée, et contient les semences destinées à propager la plante. Cependant, le fruit n'est proprement que la partie femelle de la fleur; c'est-à-dire, le pistil et le germe où la semence est renfermée. La cerise et le fruit du pavot en fournissent des exemples très-sensibles. Retranchez de la cerise sa partie succulente, ôtez au fruit du pavot sa partie sèche, en observant toutefois que la cerise ne conserve ni style, ni stigmate, au lieu que le pavot garde sur son fruit, même mûr, un stigmate très-apparent; et ils seront réduits l'un et l'autre à ce germe qui se développe à mesure que se mûrissent les semences qu'il renferme, et qui est le véritable fruit.

47.

47. *Fruits bâtards, ou faux fruits.*

La fraise, la mûre, le fruit de la rose, la figue sont réputés pour de véritables fruits. La pomme de pin contient des semences. Les fruits du hêtre et les châtaignes sont renfermés dans des espèces de capsule. Ces différens fruits échappent à la règle générale que nous avons établie. La fraise est l'extrémité renflée et succulente du pétiole de la fleur. La figue est dans le même cas, à sa forme près, qui imite celle de la poire ; le fruit de la rose et la mûre proviennent du calice. Aucune d'elles n'est donc le véritable produit du germe, ainsi que les autres fruits. Les écailles, qui enferment dans des espèces de pommes les semences des arbres résineux, ou tenant de la nature du pin, sont des parties de la fructification, ainsi que les quatre lobes entre lesquels sont placés les fruits du hêtre ou les châtaignes.

On pourrait les appeler *fruits bâtards*, ou *faux fruits*, parce que, si d'un côté, par leur développement, par le jus que quelques-uns d'eux contiennent, ils ressemblent aux véritables fruits, s'ils renferment des parties d'où la plante doit renaître ; d'un autre côté, le nom de *fruit* ne devrait pas proprement leur être donné, puisqu'ils ne proviennent pas du germe.

48. *Fruits qui ont la forme de semences.*

Dans ces productions, que nous venons de nommer *fruits bâtards*, dans les roses, les fraises, les figues, les pommes de pin, les fruits du hêtre et les châtaignes, ainsi que dans la sauge, le *myosotis* ou oreille de souris, les grains qui représentent les semences sont les véritables fruits, et proviennent du germe. (*Fig.* 46.) Ici donc ce qui est un fruit véritable, le corps qui renferme la semence est pris pour la semence elle-même; tandis que dans les cas précédens on regarde comme fruits des corps qui, d'après leur nature, n'en sont véritablement pas.

Dans l'intérieur des fruits qui ont la forme de semences, des amandes, par exemple, est placée la véritable semence, avec toutes ses parties; et, pour avoir les apparences d'un fruit semblable à la cerise, il suffirait que leur enveloppe fût charnue. On a aussi nommé ces fruits *semences nues*; mais l'expression est encore inexacte; car c'est dans leur intérieur qu'est la semence, et ils n'en sont que la couverture.

Ordinairement cette espèce de fruit ne renferme qu'une seule semence dans une enveloppe dure et en forme de grain.

49. *Noix.*

Lorsque les fruits ayant la forme de semences acquièrent un certain volume, qu'ils se présentent comme des fruits dont on peut tirer parti autrement que pour la reproduction, et non-seulement comme de petites semences qui n'ont pas d'autre destination, on les appelle *noix.* On en voit des exemples dans la noisette, dans le fruit du hêtre, dans celui de l'if. Ces fruits ne sont pas proprement des semences d'un gros volume, ce sont les germes eux-mêmes qui se sont développés.

50. *Fruits à noyau.*

Les noix proprement dites n'ont pas seulement une écaille dure, cette écaille est encore recouverte d'une écorce succulente, qui appartient aussi à la substance du fruit, et qui entre aussi dans la composition du germe. Cette réunion d'une noix ou d'un noyau avec une enveloppe charnue, constitue ce qu'on appelle *fruits à noyau.* Les cerises, les prunes, les prunelles, les pêches, les amandes, les abricots sont dans ce cas. Pour décider à quelle espèce ces différens fruits appartiennent, il ne faut pas se laisser déterminer par le goût plus ou moins âpre, plus ou moins savoureux de l'enveloppe, ni par le plus ou moins de dureté de l'écorce. Dans la noix, dont la première écorce est si âpre au goût, comme dans la pêche, dont la chair ou pulpe est si savoureuse, on trouve une première enveloppe succulente, un noyau plus ou moins dur dans lequel est renfermée la véritable semence. Dans l'une, la semence seule peut se manger avec plaisir ; dans l'autre, c'est non-seulement l'amande que contient le noyau, c'est aussi et surtout l'enveloppe charnue qui le recouvre. Malgré ces différences, si sensibles au goût, ces deux fruits sont de la même espèce. Pour classer ses productions, la nature n'a pas consulté les seuls caprices du palais humain.

Les petites pierres qu'on trouve dans la chair des poires, autour des semences, semblent indiquer de loin l'ébauche d'une enveloppe dure dans l'intérieur de l'enveloppe charnue. Mais il est encore d'autres indices qui prouvent que l'on peut se représenter la noix proprement dite, dégagée de sa première enveloppe, comme un fruit à noyau, dont la pulpe s'est entièrement desséchée ; et le véritable fruit à noyau, la pêche, par exemple, comme une noix qui s'est recouverte d'une enveloppe charnue. Il y a telle espèce de prune dont le noyau ne forme qu'un très-petit volume, en comparaison de la partie charnue ; telle noix dont l'enveloppe charnue est très-épaisse, relativement à son noyau, composé de la coquille et de la partie du fruit qui se mange ; enfin, il y a des amandes dont la chair se dessèche, devient coriace, et se fend dans sa longueur à l'époque de la maturité : d'où l'on voit que ces trois fruits, quoique très-différens en apparence, sont réellement des fruits à noyau, ayant tous trois une pulpe et une enveloppe dure, qui contient la semence proprement dite.

51. *Première formation de tous les fruits.*

Le fruit du noyer consiste en deux parties bien distinctes. La noisette se partage facilement en deux moitiés, si adhérentes qu'on a quelque peine à trouver la trace de leur réunion. Les noyaux des fruits appelés plus particulièrement *fruits à noyau*, ont vers leurs bords une sorte de protubérance, le long de laquelle est une véritable suture, qui indique la jonction intime de deux enveloppes osseuses; et c'est dans le sens de cette suture qu'ils peuvent être plus facilement partagés que dans tout autre. On en a fait cent fois l'épreuve, quand on a voulu en retirer l'amande qu'ils renferment.

Il n'y a qu'une seule semence dans tous ces fruits : et la fructification est aussi simple qu'il est possible. La noix qui contient la vraie semence est de la même simplicité. Sa conformation mérite d'être attentivement observée. Nous en tirerons des inductions propres à éclaircir ce que nous dirons par la suite. Tous ces fruits ont deux coquilles ou valves, dans la concavité desquelles est placée la semence. D'un côté, la suture est plus marquée; et c'est en dedans de cette suture, du côté où elle est le moins distincte, qu'est attachée la semence.

Mais, remontons plus haut. Cette conformation, qui fait la base de toutes les autres, était déja indiquée dans le pistil. Dans celui de la cerise, par exemple, la suture est du même côté que le petit sillon du fruit qui vient après, du même côté qui portera la protuberance du noyau. Elle part du germe et s'élève le long du style. C'est la prolongation de cette suture qui forme, à l'extrémité du pistil, entre ses bords glanduleux, le petit sillon du stigmate.

La composition de tous les autres fruits s'explique par cette première forme consistant en deux enveloppes ou valves. Quand cette forme simple ne renferme qu'une semence, il en résulte ordinairement le fruit en forme de semence, ou la noix ou le fruit à pulpe charnue.

52. *Fruits à gousses : follicules.*

Les fruits des fèves, des vesces, des pois, des lupins, etc. (nos. LXVIII, LXXI,) présentent aussi la conformation que nous venons de décrire. Elle consiste en deux battans qui, ordinairement, s'ouvrent à l'époque de la plus grande maturité, (*fig.* 67.) Les semences sont attachées, non aux deux sutures, mais à une seule, à celle qui accompagne le fruit jusqu'à sa partie supérieure, et cette suture est assez souvent distinguée par quelques stries et quelques ornemens. Ces fruits, lors même qu'ils ne réunissent pas toutes ces circonstances et qu'il leur manque celle de s'ouvrir d'eux-mêmes à l'époque de la maturité, se nomment fruits à gousses. (*Fig.* 68, 69.)

L'ellébore, le bec d'oiseau et la pivoine ont des fruits qui ont la structure générale que nous venons de décrire (n°. LIX,) mais qui appartiennent à des plantes d'une nature tout-à-fait différente. Ces fruits ne s'ouvrent qu'à la suture intérieure à laquelle est attachée la semence. Pour distinguer leur enveloppe des gousses dont il vient d'être question, on la nomme *follicule.*

53. *Siliques.*

Les diverses espèces d'iberis, la bourse à pasteur, les giroflées, le chou, et plusieurs autres fleurs cruciformes à quatre pétales, portent des fruits qui ont aussi deux battans ou panneaux, mais qu'on nomme *siliques*. Ils diffèrent sensiblement des précédens. La disposition, qui est simple dans les premiers est double dans ceux-ci. Le caractère distinctif de la silique, est d'avoir les semences attachées sur les deux bords des panneaux ou valvules dont elle est formée. (*Fig.* 62, 66.) Elle consiste en deux follicules qui se rencontrent aux deux bords de leur suture intérieure, auxquels sont attachées les semences : il résulte de cette jonction, qu'il se trouve des semences à chacune des deux sutures qui sont devenues communes aux deux follicules ainsi incorporées. L'ibéris et la bourse à pasteur ou tabouret confirment cette observation. Chacun de leurs panneaux rappelle à la fois la structure de la gousse et celle de la follicule. Chacun a un dos en forme de toît anguleux ou de quille de vaisseau, et s'écarte de l'autre par les côtés, précisément comme si on eût appliqué, l'un contre l''autre, deux follicules par leur côté intérieur. (*Fig.* 62.)

Dans d'autres espèces, la forme anguleuse du dos de chaque panneau est moins sensible; (*fig.* 64 et 66;) et dans quelques-unes, tout le panneau s'élargit de manière à ne plus présenter qu'une superficie plane. (*Fig.* 63.) Ce qu'il y a surtout de remarquable dans les siliques, c'est la cloison en forme de fenêtre, qui va d'une suture à l'autre, et au bord de laquelle sont ordinairement attachées les semences. (*Fig.* 62, 63, 65.) Ce ne peut, cependant, être une cloison semblable à celle qui sépare ces fruits rassemblés dans une seule enveloppe et dont nous allons parler. Car, là les cloisons sont formées par les parois des follicules placés les uns à côté des autres; au lieu que, dans la silique, elles sont, jusques aux bords, entièrement détachées l'une de l'autre. Ici la cloison n'est qu'un corps qui a été modifié d'une manière particulière, de même que là chaque panneau ou battant est un follicule altéré dans sa forme par son adhérence à plusieurs autres. Dans la silique, la cloison n'est, en effet, que le péduncule de la fleur qui se prolonge dans l'intérieur des deux follicules, ou si l'on veut, le style du fruit s'élargissant en forme de cloison, et restant indépendant de la chûte ou de la permanence des deux panneaux.

Plusieurs fruits, tant à gousses qu'à siliques, dont les panneaux n'éclatent pas, sont intérieurement divisés par de petites cloisons transversales et partagés en loges dont chacune contient une semence, (*fig.* 69), (nº. XXIV,) et, quelquefois aussi, ils se partagent transversalement en plusieurs pièces.

54. *Capsules.*

Les autres fruits secs, qui ne sont ni *follicules* proprement dits, ni *gousses*, ni *siliques*, sont compris sous la dénomination générale de *capsules*. Ils sont, d'ailleurs, sensiblement distingués des premiers par la complication de leurs élémens, et des derniers par la cloison très-distincte que ceux-ci renferment et qui manque aux capsules. Leur formation est singulièrement variée. (*Fig.* 49, 61.) Ils sont ordinairement un composé de plusieurs follicules, et présentent la forme d'un fruit dont les portions sont extérieurement connexes. La pluralité de ces follicules forme dans l'intérieur plusieurs loges séparées les unes des autres par des cloisons ou par les parois connexes des différentes follicules. Ces divisions s'opèrent tandis que les follicules sont fermes, et que le bord de la suture de chacune d'elles se réunit à celle qui l'avoisine. La nielle (*nigella arvensis*) en offre un exemple. On y voit très - clairement que son fruit est un composé de cinq follicules qui ont crû ensemble et qui, par le haut, s'éloignent les unes des autres par leurs extrémités en forme de cornes.

Il en est tout autrement dans le pavot. Là les cloisons se retirent vers l'extérieur du fruit, et laissent dans le milieu une cavité vide autour de laquelle rayonnent des demi-cloisons. (*Fig.* 53.) Enfin, dans l'œillet et l'*agrostema* (ou nielle des bleds,) la capsule est tout - à-fait simple, quoiqu'elle ne puisse appartenir ni aux follicules, ni aux gousses. Car elle s'ouvre par le haut et non par le côté ; et les semences ne sont pas attachées à la suture du bord, mais sont assujetties au fond de la cavité. On n'y retrouve pas de cloisons, quoiqu'on puisse voir, à la pluralité des styles ou des stigmates, (*fig.* 55, 76,) et à celle des pointes du fruit au moment où il s'ouvre, que plusieurs pistils isolés dans leur origine se sont réunis pour croître ensemble. On peut suivre toutes les gradations par lesquelles passent les follicules à une seule loge pour former des capsules. Par leur réunion, les unes sont connexes seulement à leur base : chez les autres, la connexité s'étend jusques vers le milieu; dans d'autres, elle embrasse la totalité. Ici l'on reconnaît à l'extérieur leur division indiquée. Là il n'en existe point de trace, et tout est lisse et uni. Intérieurement on voit plusieurs loges avec des cloisons entières, ou une seule loge avec des demi-cloisons, (*fig.* 53;) ou bien il y a absence totale de cloisons, (*fig.* 56, 58;) et, quand les cloisons tombent, les semences restent assises soit au fond de la capsule, soit à ses parois. (*Fig.* 58, 59, 61.) Pour completter cette esquisse générale, il y aurait encore à présenter une belle suite de variétés dans la formation des capsules; mais elle nous éloignerait trop de notre but. Nous ne voulons qu'indiquer les principaux traits du tableau, laissant à la curiosité le soin d'éveiller l'attention, et lui ménageant le plaisir de faire elle-même des découvertes.

55. *Comment s'ouvrent les fruits secs.*

Pour remplir leur destination, il faut que les semences qui ont mûri dans les fruits, soient déposées dans la terre ou placées en des endroits où elles puissent germer et produire de nouvelles plantes. Elles doivent donc se détacher de la plante qui leur a donné l'existence. Cette séparation s'opère ainsi. Lorsque les semences ont acquis leur parfaite maturité, elles se retirent; et, en se desséchant éclatent en différens endroits, comme les douves d'un tonneau qui se fend : ce qui s'opère ordinairement vers les sutures, où leur liaison est déja moins étroite, et où l'on apperçoit une adhérence de différentes parties, communément à la suture à laquelle est attachée la semence, souvent aussi à la suture dorsale; quelquefois, enfin, à toutes les deux.

Ces semences éclatent en long dans la direction des panneaux des follicules; et communément cette séparation s'opère par la partie supérieure. (*Fig.* 57, 60, 65, 67, 76.) Chaque fruit d'une tulipe, d'une impériale, d'un lys, en offre des exemples. Dans quelques espèces, les siliques éclatent par le bas, et se fondent en remontant vers la partie supérieure. Dans d'autres, comme les orchis, les alleluya, le fruit éclate de tous côtés, comme un baril qui se lézarde, et les deux extrémités restent réunies. (*Fig.* 72.)

Voilà les cas les plus ordinaires. Mais il est encore plusieurs manières particulières dont s'ouvrent les capsules, pour laisser échapper les semences qu'elles recèlent. La capsule du pavot, (*fig.* 51, 54,) celle de la campanule, celle de la gueule de lion, s'ouvrent sur les côtés par des sortes de soupapes, à-peu-près comme les sabords d'un vaisseau. Les capsules de la jusquiame, de l'amaranthe, de l'*anagallis arvensis*, (ou mouron mâle) se séparent en deux moitiés; l'une supérieure, l'autre inférieure, comme si elles étaient coupées en travers avec un couteau. Les deux parties ressemblent aussi aux deux moitiés d'une boîte travaillée autour.

56. *Fruits succulens.*

Nous avons déja parlé d'une espèce de fruits charnus, qu'on nomme fruits à noyau. Ils se distinguent par leur enveloppe dure, qui, enfermée elle-même dans l'intérieur de la chair, environne la semence. Mais ceux dont les semences sont contenues sous la chair du fruit, dans des loges d'une nature coriace, se nomment fruits à pepins. Telles sont les pommes et les poires. Que si les semences n'ont pas d'autre enveloppe apparente que la chair même du fruit, qu'elles y soient, pour ainsi dire, implantées, le tout s'appelle une *baie;* telles sont les fraises, les groseilles, les *alkekengi.* Dans ce dernier cas, cependant, les semences, comme dans les fruits dont nous avons parlé plus haut, ont leurs loges particulières, et les fruits eux-mêmes ont leur organisation générale. Il y a des baies en forme de follicules, des baies à plusieurs loges, des baies qui n'en ont qu'une seule; mais la peau qui sert de cloison à ces loges, est si ténue, si délicate, la chair a tellement pénétré les semences, s'est tellement incorporée avec elles, qu'elles semblent n'avoir, en effet, d'autre enveloppe que la partie charnue du fruit.

57. *Différence entre les fruits succulens et les fruits secs.*

Les amandes commencent déja à indiquer dans la même plante, le passage des fruits succulens aux fruits secs. Car dans certaines espèces, elles tiennent plus des uns; dans quelques-unes, plus des autres. Mais il est aussi des cas où, dans la même espèce, quelques genres ne portent que des fruits secs, et d'autres que des fruits succulens. On voit d'ailleurs facilement que, depuis les plus secs jusqu'aux plus succulens, il y a des nuances presqu'infinies; et pour s'en convaincre, il suffit de passer en revue tous les fruits connus. Il y en a même qu'on peut également ranger parmi les fruits secs ou parmi les fruits succulens. Ce qui caractérise les premiers, c'est qu'ils éclatent en mûrissant; mais on trouve aussi des fruits succulens à qui la même chose arrive; et nous avons déja remarqué, en parlant des fruits qui ont la forme de semences, qu'il y a aussi des fruits secs qui ne s'ouvrent pas à l'époque de la maturité, mais qui, comme les baies, tombent avec les semences.

58. *Dissémination des semences.*

Le but de la nature ne serait pas suffisamment rempli, si les semences qu'elle destine à la reproduction des plantes, détachées à l'époque de la maturité, étaient réduites à ne germer qu'autour de leur berceau. Il est beaucoup de plantes dont les semences sont portées au loin par différens moyens. Plusieurs fruits, qui ont la forme de semences, ou plutôt qui sont eux-mêmes des semences, ont des sortes de pellicules ailées, qu'on nomme *aigrettes* ou *pappus*, disposées en forme de volans, ou des ramifications extrêmement ténues; ou bien encore, ils sont enfermés dans de grands calices d'une substance coriace et légère. Les vents peuvent se saisir de ces espèces de fruits ou de semences, et les porter loin des lieux qui les ont produits. Il a également de la prise sur d'autres semences hérissées de quelques poils élastiques. Il les presse contre les mottes de terre; et en cessant de souffler, il les abandonne à leur propre élasticité, qui sert à les faire changer de place.

Les animaux ne contribuent pas moins que les vents à disséminer les semences. Outre qu'ils transportent celles que le hasard fait tomber sur eux, et qui y restent attachées, soit par leurs petits crochets, soit par l'espèce de duvet qui les garnit, soit par leur ténuité même qui les empêche de se dégager des corps qui les recueillent, il y a aussi beaucoup d'animaux qui se nourrissent de fruits charnus, dont les semences ne pourraient pas être éparpillées de cette manière. Les uns, les laissent tomber en les épluchant avec leurs becs; d'autres, les avalent, mais les rendent intactes avec leurs excrémens. C'est ainsi qu'elles vont germer à une grande distance de la plante qui les a portées. Le gui, qui se nourrit du suc des autres arbres, ne pourrait jamais s'attacher à eux par sa baie lisse et succulente, si une espèce de grive, nommée *drenne* ou *grive du gui*, ne laissait pas tomber sur eux, avec ses excrémens, les semences visqueuses et non digérées. Les Indiens connaissent, dans leurs contrées, ces moyens de propager les plantes. C'est ainsi que les œufs de poissons à coquilles ou d'autres poissons, sont portés, par les oiseaux, dans les petites mares d'eau, sur des montagnes, où, sans cela, ils ne seraient jamais parvenus.

Les plantes et les fruits contiennent d'ailleurs en eux-mêmes, et particulièrement dans l'énergique élasticité de quelques-unes de leurs parties, des moyens efficaces de propagation. Parmi les champignons, on a vu quelquefois le réceptacle entier des semences entraînées au loin, (nº. XCIX,) ou les semences, par un effet de leur organisation intérieure, s'élever comme un nuage de poussière. Dans d'autres plantes, il est plus ordinaire de voir ce phénomène s'opérer par la seule élasticité de leurs fruits. La *momordica elaterium*, (concombre sauvage) par exemple, s'ouvre à une extrémité, et fait jaillir les graines de ses semences. La pomme de merveille (*momordica vulgaris*) et le fruit de la balsamine, éclatent

éclatent dès qu'on les touche, ou bien se dessèchent en plusieurs endroits à la fois, et jettent leurs semences autour d'eux. Les diverses espèces de *geranium* ou becs de grue, ont une organisation particulière.

Autour d'un pivot, qui n'est que la prolongation du péduncule de la fleur, sont attachées cinq petites follicules, dont chacune contient une semence, et est surmontée d'une lame élastique, placée dans une des rainures du pivot. Lors de la maturité, ces graines se détachent par le bas, et sont repoussées vers le haut; et cet effet résulte du recoquillement du bec des capsules. Dans quelques espèces, comme le bec de grue ou *geranium des prairies*, l'intérieur des capsules contient des semences détachées; et les capsules ouvertes, en restant elles-mêmes attachées au pivot, font jaillir les semences qu'elles renferment, comme si elles étaient lancées avec une fronde. Dans d'autres espèces, comme ces geranium d'Afrique qu'on a naturalisés dans nos jardins d'Europe, les semences sont attachées aux capsules, de manière à ne former qu'un seul corps avec elles. Le but ne serait pas rempli si les capsules elles-mêmes restaient au pivot. Elles participent non-seulement à la formation, mais aussi à la destination des semences auxquelles elles sont incorporées, et se détachent de la plante en même-tems qu'elles.

D'autres plantes ont des plumes élastiques, par l'action desquelles, lors de la maturité, les battans, qui enferment les semences, sont entr'ouverts avec effort. Dans les diverses espèces d'alleluya, chaque semence a un battant charnu qui l'embrasse, et qui, lorsqu'il se dessèche, la fait jaillir en la pressant à-peu-près comme on presse un noyau de cerise entre deux doigts, pour le jeter au loin.

59. *Parties de la semence.*

La semence peut être considérée comme l'œuf d'une plante. Dans celui de l'animal, l'embryon est lié à une substance qu'on appelle le *jaune*, qui nage au milieu d'une liqueur glaireuse, à laquelle sa couleur a fait donner le nom de *blanc*. C'est de ce *jaune* que l'embryon se nourrit au dedans de l'œuf, et souvent même après qu'il en est sorti. Si nous partageons une fève ou une amande, nous trouvons sous la peau ou sous l'écorce de cette espèce d'œuf, deux lobes farineux adhérens intimement l'un à l'autre, et qu'on nomme *cotylédon*, (*fig.* 77, 80.) Ces deux lobes forment proprement ce qu'on nomme la *graine*, et se séparent facilement, pour peu qu'on les amollisse. Si on les sépare tout-à-fait, on voit que dans l'intérieur se trouvait enfoncé un petit corps qui, alors détaché de l'un des deux lobes, reste attaché à l'autre. Ce petit corps est l'*embryon-plante* ou la *plantule*, à laquelle on reconnait déja les deux parties essentielles qui constituent la plante, (*fig.* 81,) le pédicule ou la queue du germe, qui est destinée à devenir la racine, et sa tige, consistante en quelques folioles écailleuses ou plumeuses, posées les unes sur les autres; c'est la partie de l'embryon qui doit sortir de terre et former le corps de la plante.

Outre ces deux parties, ordinairement très-distinctes des semences qui doivent germer rapidement, il y a encore, dans celles dont le développement est beaucoup plus lent, une masse sans division, qui enveloppe les parties de la semence, et qui est elle-même renfermée sous l'enveloppe générale. C'est cette masse qu'on peut nommer très-proprement le blanc de l'œuf de la plante.

Toutes ces parties, le blanc de l'œuf, la tige et le pédicule de la plantule sont recouvertes d'un épiderme, qui porte la trace de son adhérence à l'œuf : cette trace se nomme la cicatrice de la semence. C'est l'endroit où un pédicule sortant de la suture, s'attachait à la semence. Ce pédicule a été nommé le cordon ombilical, de même qu'on a appelé la cicatrice l'*ombilic de la semence*. Ces deux dénominations sont assez impropres; car l'ombilic et le cordon ombilical se trouvent dans l'animal et non pas dans l'œuf.

60. *Développement de la semence dans le fruit.*

Le petit poulet n'acquiert pas d'abord toute sa perfection dans l'œuf. Le jaune et le blanc ne sont pas encore distincts l'un de l'autre, tant que le petit œuf est dans l'ovaire. Les parties de la semence sont de même dans l'imperfection avant sa maturité. Il est des semences où l'on ne trouve que des substances moëlleuses, vésiculaires et aqueuses, auprès desquelles se trouve l'ébauche imperceptible, et encore informe du germe et de la plantule. Ces substances, et d'autres encore, s'il y en a, s'absorbent alternativement, et dans un ordre déterminé ; en sorte que l'une grossit en absorbant celle qui la précède. Enfin la plantule croît avec le germe, et après qu'elle a absorbé la dernière substance qui reste, elle finit par occuper tout l'espace compris entre les parois de l'œuf.

L'épiderme de la semence n'est que rarement écailleux et osseux ; quand il est ainsi, son durcissement provient communément de ce que le péricarpe a acquis une substance ligneuse semblable à l'enveloppe d'une noix.

61. *Développement de la semence hors du fruit.*

Cette gradation par laquelle une substance se développe par l'absorption de celle qui l'a précédée, s'opère aussi dans la semence quand elle pousse une nouvelle plante hors d'elle-même, c'est-à-dire ; quand elle germe. Les parties de son germe se gonflent quand elle est placée dans l'humidité qui lui est nécessaire ; et l'épiderme amolli, cède à ses efforts et éclate. La jeune plante commence à s'allonger par ses deux extrémités, et franchit les limites dans lesquelles elle était renfermée ; mais déja l'on apperçoit sa future destination. Par une vertu inconnue, et peut-être par une sorte de sensibilité délicate à l'abondance d'humidité qui l'attire d'un côté et au desséchement qui la repousse de l'autre, la future racine, dans quelque position que se trouve la semence, s'allonge vers le bas, ou se courbe vers la partie qui lui fournit le plus de nourriture ; et la petite tige s'élève en même-tems.

Pendant que ce développement s'opère, la plantule n'est pas encore en état de se nourrir par sa racine, qui tend à se former ; elle tire sa substance des deux lobes qui la renferment, comme d'un sol nourricier, ou comme de mamelles qui fournissent à son acroissement. Quand elle a acquis une certaine force, ces lobes sont épuisés et dépérissent. Il est bon de remarquer que, dans certaines plantes, comme les fèves et les citrouilles, ces lobes sortent aussi de terre, verdissent en plein air, et acquièrent des veines. Elles ressemblent ainsi beaucoup à des feuilles, quoiqu'il soit facile de les distinguer des premières véritables feuilles qui vont paraître sur la tige.

62. *Diversités dans la disposition intérieure et extérieure des semences.*

Les petits grains de la poussière prolifique des fleurs, considérés avec attention, ont une forme distincte et invariable qu'on ne peut attribuer au hasard. Celle des semences est encore plus déterminée, et offre encore un plus grand nombre de variétés. L'extrême ténuité de quelques-unes, nécessite à la vérité l'usage de la loupe, si l'on veut acquérir cette certitude ; mais on est bien payé de ce léger effort par la beauté des objets qu'il fait découvrir. Le seul examen des diverses semences des plantes serait une source intarissable d'observations intéressantes.

Nous ne citerons qu'un très-petit nombre des formes que leur a donné la nature, inépuisable dans ses variétés. Il y en a de globuleuses, de lenticulaires, de quarrées, de réniformes. Les unes ressemblent à des vers, les autres à de petits serpens. Celles-ci sont en forme de croissant, celles-là en forme d'œufs. Il en est qui sont comme enveloppées dans de petits sacs de gaze, ou garnis d'appendices cartilagineux. Leur surface est, ou luisante et lisse, ou velue, ou ponctuée, ou brodée en réseaux, ou recouverte de petites étoiles en relief, ou épineuses, ou tachetées de points blancs. Elles varient aussi beaucoup dans leur couleur, (*fig.* 63, 70, 72.)

La même variété se retrouve dans leur organisation intérieure, (*fig.* 71, 74, 77, 79.) Quelques semences contiennent une substance semblable au blanc d'un œuf; d'autres n'en ont pas. Dans les unes la plantule et son germe n'occupent qu'une des extrémités. Ils sont entièrement engagés dans les autres. Les nouvelles folioles du germe sont, comme dans la fève et l'amande, tendres et d'un très-petit volume, ou bien elles s'étendent avec leur développement dans la totalité de la semence; et elles y sont ou planes, ou pliées. Toute la jeune plante avec les parties du germe, n'est souvent que sous la forme d'un petit ver oblong; et elle est alors ou étendue, ou recourbée, ou tortillée. Dans plusieurs semences des Indes, la noix de muscade, par exemple, le blanc de l'œuf est veiné comme la cervelle; ou bien les cotylédons, sont, comme dans la fève de cacao, partagés en plusieurs lames, qui se détachent facilement.

63. *Semences avec deux cotylédons, ou avec un seul.*

Le plus grand nombre des semences naît avec deux cotylédons, ou feuilles séminales. Ces deux cotylédons sortent de terre souvent, comme nous l'avons dit, à côté des premières veritables feuilles. Les plantes de cette espèce ont presque toujours des feuilles avec une veine principale, de laquelle sortent plusieurs petites veines secondaires et ramifiées. Ces feuilles naissent ordinairement doubles, et placées à côté l'une de l'autre. En comptant les parties dont sont composées leurs fleurs, nous trouvons que leur nombre est de deux, de quatre ou de cinq, et qu'elles peuvent se diviser par ces nombres; ainsi dès les premiers élémens de la vie de ces plantes, on reconnaît les principales circonstances, qui deviendront de plus en plus sensibles avec leur développement. (Nos. XXIV, XXXII, XXXIV, XLV, LI, LIII, LVI, LXVII, LXXXVII, XCI.) Il en est autrement des plantes qui n'ont qu'un cotylédon. Elles présentent des feuilles, dont les veines sont très-rarement ramifiées, et presque toujours à-peu-près parallèles entr'elles. Quand elles commencent à germer, on voit d'abord paraître une foliole pointue; ce qui a fait donner à ces plantes le nom de *plantes à germe en pointe*. Le plus souvent, le nombre des parties de leurs fleurs peut se diviser par trois, (nos. XVIII, XXIII, XXXIII, XLVI, L, LIV, LV, LXXXVIII, XC.)

Toutes ces plantes ont une conformation dont elles ne s'écartent pas; cette observation nous conduit à comparer les animaux avec les végétaux, à raison de leurs différences principales.

64. *Classes principales du règne animal et du règne végétal.*

Les mousses, les champignons, les fougères, les plantes filamenteuses et les moisissures, (*mucor*) ont une conformation tout-à-fait extraordinaire, et offrent des singularités dans leurs fleurs et dans les organes de la fécondation, (nos. XCII, C.) Il en est de même dans le règne animal, des coraux, des étoiles de mer, des oursins, des polypes, du *ténia*, ou ver solitaire, des limaçons et des coquillages. Ces singularités ont été apperçues, dès les premiers âges des connaissances humaines; et ces parties de la création ont fait comme une classe à part. Dans l'échelle des subdivisions, elles occupent la dernière place, comme présentant l'organisation la moins compliquée, ou, si l'on veut la plus singulière.

Toutes les autres espèces, soit du règne végétal, soit du règne animal, observent dans leur organisation des règles constantes et connues. Le lys et la fève, par exemple, sont réputés pour des *plantes ordinaires*, de même que le chien et le hanneton pour des *animaux ordinaires*, malgré quelques différences assez marquées dans leur conformation; mais les grands traits sont les mêmes. Dans le lys comme dans la fève, on reconnaît clairement les feuilles et les fleurs; on ne peut en dire autant du champignon par exemple. Dans le hanneton comme dans le chien, on trouve également et distinctement une tête, un tronc et des membres; ce qui n'est pas le cas des polypes, des coraux, etc.

Mais ces plantes, mais ces animaux, qui ont entr'eux des traits principaux de ressemblance, diffèrent sensiblement à d'autres égards. Le hanneton, ainsi que tous les autres insectes, a ses parties dures dans la peau extérieure; le chien a la charpente de ses os dans l'intérieur, comme les poissons, les lésards, les grenouilles, les oiseaux; et à cette première différence principale, s'en joint une foule d'autres de détail. Le lys appartient aux plantes qui germent en pointe. Les fèves appartiennent aux autres.

On voit évidemment que les animaux et les plantes, conformés d'une manière ordinaire, diffèrent de plus sous un double rapport, et composent deux classes principales. Mais nous n'entreprendrons pas encore de les comparer ni de déterminer quelles espèces appartiennent à l'un des deux règnes, et quelles appartiennent à l'autre.

65. *Bâtards dans le règne végétal.*

Que l'on prenne ce que dans les poissons mâles on appelle la *laitance*, et les œufs d'un poisson femelle, qu'on les presse dans une soucoupe, qu'on les mêle ensemble; et par ce moyen artificiel, on donnera la vie à de nouveaux poissons. Les palmiers et les pistachiers se fécondent de la même manière. L'acouplement de l'âne et du cheval, produit un animal qui tient de l'un et de l'autre, mais qui n'appartient à aucune des deux espèces. On parvient à former de même une espèce bâtarde de poissons, en fécondant les œufs d'une espèce avec le lait d'une autre. Par analogie, une pareille fécondation extérieure doit produire dans les plantes un résultat pareil. Elle le produit en effet.

Dépose - t - on la poussière prolifique d'une plante sur le stigmate d'une plante d'un autre genre, mais de la même espèce ; par exemple, celle d'une plante de l'espèce des mauves ou des œillets sur une autre plante de la même espèce, avant toutefois que celle - ci ait déja été fécondée par ses propres étamines, cette dernière donne des semences dont il résulte une plante portant les caractères des deux qui ont concouru à sa formation.

Si ce mélange s'opérait par - tout avec la même facilité, bientôt les espèces seraient tellement confondues, qu'il serait impossible de les reconnaître. Mais cette production de bâtards ne s'opère qu'entre des espèces fort rapprochées : encore n'est-ce que rarement par les moyens artificiels, à moins que ce ne soit à l'aide de circonstances naturelles. Les plantes qui n'ont aucun rapport entr'elles, l'étamine d'une rose, par exemple, ne fécondera jamais le germe d'un artichaut. Le règne animal offre la même observation. Les bâtards n'y sont produits qu'entre des espèces qui ont beaucoup d'analogie entr'elles, comme le cheval et l'âne, la carpe et le carossin. D'ailleurs, les bâtards sont ordinairement stériles; en sorte que la dégénération successive, le mélange absolu de toutes les formes déterminées, et la confusion des espèces sont des choses impossibles dans l'empire de la nature; et l'invariabilité des lois auxquelles elle est assujettie, n'est peut-être nulle part marquée plus distinctement.

Des observateurs attentifs ont trouvé qu'il y avait déja, dans les semences, des traces du mélange qui s'était opéré lorsqu'une plante bâtarde devait résulter de ce mélange.

66. *Tout ce que ces plantes ont d'apparent, est tige, rameaux, et principalement se présente sous la forme de feuilles.*

Les corps des plantes paraissent d'abord si variés, qu'au premier coup-d'œil on serait tenté de croire qu'il serait impossible de trouver entr'eux quelques analogies particulières; mais, quand on les considère dans leur ensemble, on y trouve une suite de formes fondamentales auxquelles se rapportent toutes les plantes en apparence les plus dissemblables. Les mousses, par exemple, le chardon, le *cactus cereus* dépourvu de feuilles, la *cuscute*, plante parasite qui ne tient à la terre que par un filet, et qui s'en détache ensuite pour ne plus vivre qu'aux dépens d'une autre plante, la lentille d'eau, le palmier, le chou, l'acacia, le lys, les graminées et tant d'autres plantes de formes encore plus différentes entre elles ont, cependant, des rapports qu'un peu d'attention met à portée de saisir. Nous avons parcouru plus haut ces différentes organisations dont les différentes manières de s'étendre ou de se resserrer, et dont les liaisons entre elles donnent l'explication de toutes les formes.

Nous pouvons remonter encore plus haut, déterminer ces formes fondamentales, indiquer les causes auxquelles elles tiennent. Expliquons-nous.

La plante a besoin de *vaisseaux* qui reçoivent la nourriture et la transmettent aux endroits où elle a une autre destination à remplir ; ce qui s'opère à l'aide de certains prolongemens compacts et, pour la plupart, arrondis, c'est-à-dire, de rameaux composés de vaisseaux fortement comprimés. Ces rameaux, ténus à l'extrémité de la plante, vont se réunir soit à de grosses branches, soit au tronc principal ; ou bien c'est ce tronc qui se divise en grosses branches, et ensuite en petits rameaux. L'un de ces cas est applicable à l'hypothèse suivant laquelle la sève descend du haut de la plante en bas : le second, l'est à celle qui la fait remonter du bas en haut.

Mais cette sève et les vaisseaux qui la charient ne se bornent pas à vivifier ce tronc, ces branches, ces rameaux. Ils vont aussi, à l'aide de ces conducteurs, former d'autres corps qui donnent à la plante son caractère propre et qui l'embellissent. Nous voulons parler des feuilles qui ont la même source et qui sont diversement modifiées suivant le but qu'elles doivent remplir.

67. *Gradation des diverses formes des feuilles.*

Le cours de la vie des plantes semble suivre un cercle parfait. Elles commencent avec la semence et finissent avec elle.

Quelquefois les germes ou cotylédons paraissent sur la surface de la terre en forme de feuilles verdoyantes. Ils sont doubles dans les plantes dont les feuilles consistent en deux parties rangées le long d'une arrête principale.

Les autres feuilles assez constamment vertes, depuis la racine jusqu'au calice des fleurs, offrent souvent une suite de formes variées qui s'altèrent successivement depuis leur point de départ ; et il n'est pas rare de voir, comme dans les roses et les chardons, les folioles du calice figurées et disposées comme les feuilles de la plante elle-même, (n°s. VIII, XXXIII, XXXVII, LX,) revêtues de la même enveloppe (n°. XVII) et terminées par les mêmes piquans, (n°. XXXVII.)

Il est des cas où l'enveloppe de la fleur tient un milieu entre le calice et la corolle. Il y a des corolles persistantes et des calices colorés. (N°s. XL, LXXIX.) Certains accidens font aussi que, comme dans la julienne, les pétales sont verts et paraissent de véritables folioles de calice. Dans d'autres plantes, les pétales et les folioles du calice sont de même grandeur et difficiles à distinguer les unes des autres, (n°. LXXXIII.)

Les étamines disparaissent des corolles dans les fleurs pleines; et dans quelques fleurs qui sont naturellement pleines, comme la nymphéa et le calycant, (*fig.* 84, 85,) ce passage est très-marqué. Il y a encore une autre analogie entr'elles et les pistils qui se trouvent plus près du centre de la fleur. La formation originaire de chaque anthère simple et du pistil est la même que celle d'une feuille qui porte sur le dos une arrête principale, et qui est pliée en deux parties dont les bords se touchent. Ces bords indiquent la suture, l'endroit qui s'ouvre dans la suite le plus facilement. On voit aussi quelquefois les pistils se changer en pétales et en folioles verdâtres, de la nature de celle du calice.

Il résulte de toutes ces circonstances, de ce passage successif d'une partie de la plante à l'autre, de la possibilité de leur transformation réciproque et de la conviction acquise, que toutes ces révolutions ont leur source dans une forme générale; il résulte, dis-je, que la variété des organisations extérieures du règne végétal, vient principalement des diverses modifications qu'éprouvent les feuilles.

Mais les opérations de ces différentes parties

d'une plante, prouvent aussi l'affinité qui existe entr'elles. Les feuilles du germe, celles de la racine, les bractées, les feuilles de la tige, celles des rameaux, les stipules, les calices, les pétales, les anthères et leurs petites cornes, les fruits, et enfin leurs semences, toutes ces parties de la plante, dans l'ordre dans lequel nous venons de les présenter, sont soumises à cette loi, qu'elles sont plutôt complettes que celles qui paraissent après elles, et que c'est par leur absorption que s'opère le perfectionnement de celles-ci. Ainsi, par exemple, les feuilles du germe se flétrissent et tombent, quand celles de la tige ont acquis leur développement; et lorsque les fruits se forment et mûrissent, les feuilles de la tige jaunissent et tombent à leur tour. Enfans de la même famille, toutes ces parties de la plante semblent ne pouvoir vivre et prospérer simultanément. Images du grand arbre de l'espèce humaine, elles ne font que passer sur la terre pour céder la vie à ceux qui doivent hériter de leur substance.

68. *Gradations particulières par lesquelles passent les feuilles.*

Tout ce qui, dans une plante, doit se rapprocher plus ou moins de la forme des feuilles, naît sur les côtés du faisceau général de vaisseaux, qui reçoit de la racine sa nourriture, et qui est connu sous le nom de *tronc* ou de *tige*.

tige. Quelquefois ce faisceau est si court, qu'il ne paraît pas s'élever au dessus de la racine; mais il n'en existe pas moins. Dans les tiges qui ont une longueur ordinaire, on voit chacun des organes, qui ont la forme de la feuille, sortir isolément, avec leurs pousses, à une certaine hauteur de la tige, et n'en avoir aucun autre auprès de lui. Cette disposition s'appelle *alterne*; (*fig.* 3, 5.) Successivement, ces feuilles, en s'éloignant du tronc, se rapprochent entr'elles; et elles sont placées en opposition deux à deux. Situées ainsi les unes vis-à-vis des autres, rarement elles forment deux rangs de suite dans la même direction sur les deux côtés de la tige. Communément, comme dans l'ortie morte et la sauge, chaque paire est dans une direction croisée avec celle qui la précède ou qui la suit. (N^{os}. I, XXVI, XXVII.) Si l'une, par exemple, est dirigée du nord au sud, la seconde l'est de l'orient à l'occident; la troisième, comme la première; la quatrième, comme la seconde; ainsi de suite. Enfin, si ces paires se rapprochent davantage les unes des autres, de manière qu'on ne puisse plus les reconnaître distinctement, il en résulte une disposition en forme de rose ou de croix. (N°s. VII, XVI, XVII, XXXIII, XL.) C'est le plus grand rapprochement qui puisse exister entr'elles, à moins qu'elles ne soient totalement connexes.

Ces diverses gradations se voient quelquefois

ensemble sur la même plante, ou on les retrouve en comparant plusieurs plantes entr'elles. Mais il est remarquable que cette tendance à se rapprocher, a un grand rapport avec la disposition principale et avec le développement des plantes. On y reconnaît deux circonstances que nous avons indiquées plus haut, en parlant des réservoirs farineux de la nourriture, et qui, toutes deux, ont pour but la vivification commençante de la plante présente et de la plante future. A la racine, où la plante se développe, ainsi qu'à la fleur où commence la formation d'une nouvelle plante, on voit les organes des feuilles étroitement rapprochés. Dans la fleur, ils sont même si intimement unis qu'ils ne figurent plus que des cercles d'une seule feuille, qui ne conservent plus qu'une légère trace des parties d'abord distinctes dont ils sont composés, (*fig.* 25, 92;) ou bien, ils se confondent tout-à-fait à leur extrémité supérieure, (*fig.* 91.) La situation alterne des organes des feuilles, tient au milieu entre ces deux extrêmes, et c'est la plus ordinaire. (Nos. XXI, LXXXVIII, LXXXIX.)

69. *Feuilles appliquées les unes sur les autres.*

Les parties qui constituent les feuilles, éprouvent diverses modifications successives. Les rapports que ces parties ont entr'elles, changent à diverses époques. Tant qu'ils sont visibles, leur couleur, leur surface, leurs dimensions, leur position sont soumises à cette loi. Nous ne considérerons ici que les changemens qu'éprouve la position des feuilles entr'elles.

Les feuilles, vertes pour l'ordinaire, sont, avant leur parfait déploiement, pliées une ou deux fois, (n°. LXXXIII,) roulées dans toute leur surface, ou seulement par les deux côtés, tantôt par le haut, et tantôt par le bas. (N°s. XV, XLVII.) Dans certaines espèces, ou leurs affinités, non-seulement les feuilles, dès leur origine, sont ainsi pliées ou roulées d'une manière constante, mais encore la manière dont elles sont unies ou adhérentes, est assujettie à des règles fixes.

Il en est de même des fleurs. Leurs lobes sont, avant leur développement, superposées les unes sur les autres, d'après des lois très-déterminées, ou elles sont repliées, ou elles ne se touchent que par leurs bords. Examinez la fleur de la vesce, ou celle de la sauge, depuis leur première formation en bouton, jusqu'à ce qu'elles fleurissent, et jusqu'à ce que le fruit soit noué, vous y verrez, à chaque degré de leur croissance, presque tous les rapports des parties principales de la plante, se changer plus ou moins sensiblement.

70. *Sommeil des feuilles.*

Il est beaucoup de feuilles de plantes, surtout parmi les feuilles ailées, qui prennent le soir, et conservent toute la nuit une nouvelle position, qu'elles abandonnent le lendemain matin. Pendant le jour, elles sont étendues et développées; le soir, comme si elles étaient fatiguées, elles se replient, sont pendantes, ou se relèvent en se rapprochant de la tige et des rameaux. Elles semblent dormir. On serait tenté de croire que, pendant le jour, l'influence de la chaleur et de la lumière produit seule ce phénomène, et que le soir, le ressort qui les soutenait dans cette position, se relâche; mais des observations plus attentives ont prouvé que cette cause présumée n'agit pas du moins dans tous les cas, et que cette alternative de tension et de relâchement, tient plutôt à une loi intérieure qui agit sur le corps des plantes, mais qui échappe à notre pénétration. Expliquons-nous davantage cette force irrésistible à laquelle nos paupières cèdent dès que le sommeil nous atteint.

71. *Horloge des fleurs.*

Il est aussi quelques fleurs, surtout parmi celles qui tiennent de la laitue ou de la chicorée, etc., dans lesquelles des circonstances extérieures peuvent expliquer ce jeu qui les fait tour-à-tour s'ouvrir et se fermer. Cette opération s'effectue de trois manières différentes. Dans quelques fleurs, elle dépend du tems plus ou moins clair, plus ou moins sombre. Dans d'autres, elle tient à la longueur ou à la briéveté des jours. Mais les plus remarquables sont celles dont les révolutions s'opèrent constamment à certaines heures du jour, principalement le matin et le soir.

72. *Sensibilité des feuilles.*

Il y a quelques parties des plantes qui, comme le fruit de la balsamine par exemple, font, dès qu'on les touche, un mouvement brusque, et témoignent par-là, pour ainsi dire, leur sensibilité; mais c'est dans les feuilles que ce phénomène est le plus apparent et le plus connu. Les feuilles à deux lobes d'une plante de l'Amérique septentrionale, qu'on nomme *dionée* ou *attrappe-mouche*, saisissent l'insecte qui vient se poser sur leur surface supérieure, et le tiennent serré jusqu'à ce qu'il meure. On dirait qu'elles veulent le punir de sa témérité; mais que sa mort les désarme. Il n'y a, en effet, que l'homme en fureur qui puisse quelquefois s'acharner sur des cadavres.

Le *ros-solis* d'Europe, qui a quelque analogie avec la dionée, a une propriété à-peu-près semblable. Mais aucunes plantes ne témoignent leur sensibilité d'une manière plus admirable que les plantes mimeuses, nommées pour cela *sensitives*. Elles portent des feuilles ailées d'une grande délicatesse. (N°. VI.) Plus on les touche, ou plus on les ébranle fortement, et plus leur sensibilité se manifeste. Ne touche-t-on qu'avec précaution une de leurs folioles, elle ne remue pas. Il en est de même si l'on se borne à toucher la tige. Mais ne fît-on que chatouiller légèrement avec la pointe d'une aiguille, un petit point noueux, qui est dans le centre de l'une de ces feuilles si délicates, en un clin-d'œil toutes les folioles s'abaissent. On peut répéter cette expérience avec succès sur chacune des feuilles l'une après l'autre. Si l'on touche ainsi le nœud auquel répond la jointure de toutes ces folioles rangées deux à deux le long d'un petit rameau, l'irritation de cette jointure les fait se plier toutes à la fois. Dans les pays chauds, où l'on trouve, en général, plus de ces plantes *sensibles*, il est des arbres qui semblent saluer. Il croît aux Indes orientales une espèce de trefle, sur lequel la lumière du jour, sans autre véhicule, entretient une sorte de flottement dans les feuilles; et une espèce d'alleluya, qui se contracte par le seul contact de l'haleine.

Nous n'ajouterons pas en preuve de cette sensibilité des plantes, qu'il y a dans les déserts sablonneux de l'Afrique, des fruits qui ne s'ouvrent que lorsque la pluie tombe, et lorsque les semences trouvent un sol dans lequel elles puissent pousser des racines; ou que, par un effet contraire, la plupart des autres capsules ne s'ouvrent que lorsqu'elles sont parfaitement sèches, et que quelquefois ces mouvemens s'opèrent avec rapidité.

73. *Plantes qui donnent de la lumière.*

La lumière est aussi agréable, aussi nécessaire même à tous les êtres pourvus de sentiment, qu'elle est encore inexplicable pour les observateurs les plus pénétrans. Outre les corps déja connus, d'où jaillit son éclat, il est aussi des plantes qu'on peut appeler lumineuses. On sait que le bois pourri a cette propriété. Ce que l'on a apperçu dans l'intérieur des tubercules des pommes-de-terre, paraît être de la même nature. La fille aînée de Linné, de cet homme célèbre, dont nous aurons plus d'une fois occasion de parler, apperçut, vers le soir d'un jour d'été très-chaud, quelque chose d'éclatant à la fleur, couleur de feu d'une capucine. Environ trente ans après, l'expérience a appris que d'autres fleurs d'une couleur semblable, comme le lys rouge ou lys de S. Jean, le souci, etc., ont, mais seulement quelquefois, cette propriété.

74. *Glandes et poils des plantes.*

On remarque aux feuilles du pècher et de la boule de neige, tout près du péduncule, de grosses glandes charnues. Il y a des glandes en forme de graines, attachées le long de leurs étamines. (*Fig.* 98.) Dans les feuilles du citronier, elles sont semées sous la peau. Il y a dans les plantes certaines parties où les liqueurs s'élaborent à-peu-près comme chez les animaux. Le fiel se prépare dans les glandes du foie. Le jus exquis des écorces de citron a son siège dans leurs glandes. C'est de-là aussi que le nectaire des fleurs tire ce suc si doux qui attend l'aiguillon de l'abeille. Ces organes, aussi bien que d'autres instrumens vitaux, qui entrent dans la formation des feuilles, sont sujets à être successivement absorbés. La pétale des renoncules porte à son extrémité intérieure une glande avec ou sans suc mielleux. Dans l'espèce de prêle, qu'on nomme *equisetum-arvense*, et qui leur tient de si près, à la place de cette glande, il n'y a qu'une tache de couleur sombre, et presque toutes ces taches du même genre, qu'on trouve au fond des pétales, paraissent ne pas avoir une autre origine. (N°s. XVIII, XXI, XXXIV, XXXV, XLIII, XLIV, LXXIV, LXXV, LXXXV.) On observe dans le lys rouge un petit sillon destiné pour ce suc mielleux, et dont il n'y a pas de trace dans le lys blanc.

Les poils qu'on trouve au calice de la rose et ailleurs, (*fig.* 97, 98,) sont de semblables canaux de sécrétion. (N°s. XXXVII, LX.) Ils servent de conducteur à une liqueur d'une odeur agréable, dont les gouttes se coagulent, en forme de petits boutons, aux extrémités de ces poils. Leurs formes sont variées à l'infini, et souvent ils sont d'une élégante structure. Ils ne sont pas destinés à réchauffer les plantes; au contraire, dans les climats froids, ils sont beaucoup plus clair-semés que dans les climats chauds. (Nos. VI, VIII, X, LXXI.) La diversité que la nature a jetée dans la configuration des glandes et des poils, (*fig.* 99, 100, 101,) doit faire présumer que leurs fonctions sont très-diversifiées, et que chacune de leurs différentes formes est adaptée à la manière dont ils doivent concourir à entretenir la vie dans chacune des plantes qui en sont revêtues.

75. *Epines et piquans.*

Nous ne voyons d'abord dans ces deux accessoires de plusieurs plantes, que des armes défensives fort incommodes pour ceux qui en approchent. L'œil de l'observateur reconnaît dans les uns et les autres, les traces d'une végétation arrêtée. Les épines, telles que nous les trouvons dans la rose, (nos. V, XXXVII) qui ne sont attachées fortement qu'à l'écorce, n'étaient, dans leur origine, que des poils d'abord destinés à servir de conduit aux liqueurs. Ces poils, par des dégradations insensibles que la rose elle-même éprouve, se sont fermés, durcis en pointes, affermis à leurs bases; et par ces altérations successives, sont devenues ce que nous les voyons, *des épines.*

Les piquans ou aiguillons du prunier sauvage, de l'épine blanche et de l'épine noire, etc. sont des rameaux qui devaient pousser des feuilles et des fleurs. Ils remplissent même en partie cette destination ; mais, vers leur extrémité, leur développement cesse pour faire place à une pointe durcie. La nourriture plus substantielle qu'ils reçoivent par la culture, dans les jardins, amollit leurs parties fermes ; et alors les organes de la vie se manifestent jusqu'à leurs extrémités, et il ne reste plus de vestiges des aiguillons qui hérissent leurs rameaux dans l'état naturel ; à-peu-près comme une éducation rafinée, fait disparaître ou du moins déguise, chez les hommes, les aspérités de leurs formes.

76. *Surface des plantes.*

Les glandes, les poils, les aiguillons, les épines, etc. sont souvent répandus, en grande quantité, sur le corps des plantes, et y forment une sorte d'enveloppe particulière, qui diffère suivant les espèces, suivant leur âge, suivant même les lieux où le hasard les place. Beaucoup de végétaux sont, outre cela, recouverts d'une sorte de poudre fine et grise qui ressemble à la rosée blanche, (nº. XV;) d'autres, d'une espèce de bave ou d'une liqueur visqueuse, provenant des parties qui, dépourvues de glandes et de poils, ont transpiré, pour ainsi dire, sur toute la superficie de la plante. La diversité de ces enveloppes jette une extrême variété sur l'extérieur des productions végétales. De-là leurs surfaces d'un gris blanchâtre, laineuses, veloutées, de couleur d'or ou d'argent, poudreuses, farineuses, saupoudrées de guttules de glace, étoilées, raboteuses, brillantes, grenues, tuberculeuses, parsemées de grains, de verrues.

77. *Couleurs.*

La variété des couleurs est d'abord ce qui frappe le plus dans les plantes; ce n'est qu'une attention plus réfléchie qui nous fait appercevoir la diversité de leurs figures; mais la nature n'a pas eu des intentions moins déterminées, en leur donnant telles ou telles couleurs qu'en leur donnant telles ou telles figures. Les unes se présentent sous la forme de stries ou raies, de taches, d'échiquiers, de réseaux, de nuages, de bordures, etc. Le verd, avec toutes ses nuances, se trouve communément dans la tige et les feuilles. C'est très-rarement la couleur de la corolle : elle n'a presque jamais non plus celle qu'on appelle *mordoré*, (nos. XXV, XXXIII, XC.) Toutes les autres couleurs sont affectées aux corolles. Il est des classes de fleurs qui paraissent vouées surtout, et presqu'exclusivement, à une certaine couleur. Tel est le jaune, par exemple, dans les fleurs composées, (n^{os}. X, XIII, LXV,) comme le pissenlit, le seneçon, la laitue, le laiteron, les hieracium ou épervières, les crépis, les inules, etc. etc. Les semences et les racines sont, pour la plupart, d'une couleur sombre ou pâle. La plupart des germes sont rougeâtres en sortant de terre. (N°. XXXVIII.) On peut lire, pour ainsi dire, l'histoire de chaque espèce de plante dans les couleurs que ses parties prennent ou perdent pendant tout le cours de sa vie végétative. Elle en a de particulières, lorsqu'elle est affectée de quelque maladie, et lorsqu'elle touche à son dépérissement; à-peu-près comme les diverses nuances du teint annoncent dans l'espèce humaine les affections de l'ame et la situation du corps. Quelle fraîcheur dans le premier verd d'une feuille qui se déploie, et dans le coloris d'une vierge brillante de jeunesse et de pudeur! La feuille qui se flétrit et va tomber, l'homme exténué qui va quitter la vie, n'annoncent-ils pas, par leurs couleurs livides, l'approche de leur fin? Il y a plus: dans les plantes, plusieurs parties indiquent, par leurs couleurs, soit quelque altération dans leurs organes intérieurs, soit quelques-unes de leurs propriétés, (n°. XVIII.) Il en est même qui trahissent ainsi le poison qu'elles récèlent. D'autres changent sensiblement de couleur dès qu'elles cessent de vivre ou dès que l'air a frappé quelques-unes de leurs parties intérieures.

78. *Odeurs.*

Les fleurs ne ravissent pas moins les sens par leur parfum, que par leurs couleurs. Qui ne connaît pas les douces odeurs du muguet? Qui n'a pas respiré avec délices les vapeurs embaumées qu'exhale un parterre? Ici, nous retrouvons encore, chose admirable! la nature constante dans les odeurs qu'elle a assignées à chaque espèce de plantes, comme elle l'est dans les formes et dans les couleurs. A-t-elle jamais donné à la tubereuse l'odeur suave de la violette, au souci le parfum de la rose? Toutes les fleurs ne portent cependant pas des jouissances à l'odorat. Le règne végétal, comme le règne animal, a des espèces qui répugnent à ce sens. On ne connaît que trop, dans celui-ci, l'odeur infecte du bouc, de la punaise, celle même du musc à laquelle bien des gens répugnent. Il est de même des plantes qui ont une odeur de charogne ou de quelque substance animale infectée par la corruption, qui en sont même imprégnées au point de tromper certains insectes qui recherchent la pourriture. L'odeur des fleurs donne encore lieu à quelques autres observations. Il n'en est point qui, rassemblée en grande abondance, et respirée dans un petit espace, ne soit pernicieuse. La plupart des odeurs agissent sensiblement sur les corps vivans, soit des hommes, soit des animaux. Il en est même qui produisent cet effet sur les autres plantes : leurs différentes vertus médicinales tiennent aux mêmes causes. On sait que, par exemple, l'odeur du camphre suffit par-tout pour tuer les insectes ; que celle de l'amande amère, rassemblée à un certain degré, peut être mortelle pour les grands animaux et pour l'homme même. Enfin, une autre propriété de ces vapeurs odorantes qu'exhalent les fleurs, c'est qu'elles se réunissent autour des plantes, et qu'elles peuvent être allumées comme l'air inflammable.

79. *Saveur du suc des plantes.*

Ici l'on trouve les mêmes observations à faire que sur les odeurs. Les saveurs sont aussi très-variées, mais toutes invariablement attachées aux mêmes espèces de plantes. Formes, couleurs, odeurs, goûts, tout est déterminé par la nature. Plus on insiste sur cette coordination, plus elle paraît admirable. Parmi ces différentes saveurs, on distingue surtout la douceur agréable, le goût aigre, mais rafraîchissant, l'amertume salutaire, le goût piquant, mais appétissant. Ces saveurs primitives sont, comme les couleurs de l'arc-en-ciel, susceptibles d'être modifiées à l'infini. En les combinant avec d'autres substances savoureuses, on ajoute, ou à leur force ou à leur agrément. Mêlez le sucre à la pêche, le poivre à l'artichaut, vous créez d'autres goûts; vous augmentez vos jouissances. Enfin, le suc des plantes a d'autres propriétés qui servent moins à nos plaisirs qu'à nos besoins. Celui qui est âpre et astringent est utile en pharmacie. On l'emploie à tanner les peaux. Il entre dans la composition de l'encre. Il concourt à la teinture en noir.

80. *Ce que sont les sucs des plantes en eux-mêmes.*

Beaucoup de plantes ne contiennent qu'une eau plus ou moins odorante, plus ou moins savoureuse. Les sucs de quelques-unes sont une espèce de bave. Ceux de quelques autres sont résineux. Quelquefois, surtout dans les pays chauds, ces sucs s'épanchent d'eux-mêmes sans aucune pression extérieure. Il y a aussi un mélange particulier de résine et de mucilage qui, semblable à du lait, jaillit des plantes quand on les blesse ; mais qui, le plus souvent, perd sa couleur laiteuse en se séchant. Quelques-unes contiennent encore des substances liquides qu'on peut comparer à l'huile, à la graisse, au suif qui se rapproche de la cire, et à ce qui fait la base de la cire elle-même. Quelques sucs sont extraordinairement tenaces et visqueux, et deviennent très-élastiques quand ils sont secs. Le plus connu de ces sucs est ce qu'on appelle la gomme ou résine élastique, qui sert à nettoyer les dessins, et dont on fait diverses espèces de sondes pour les parties les plus délicates du corps humain, et entr'autres de ces pompes à lait, qui servent à éviter des douleurs à la femme qui allaite.

81. *Mollesse, dureté des plantes.*

Les diverses nuances de ces propriétés sont infinies comme toutes les autres. Il y a dans les plantes des gradations insensibles, depuis la substance la plus molle jusqu'à la plus dure. Il en est qui, comme certains champignons ou certaines *moisissures* ou *mucor*, ne peuvent être touchées, qu'on ne peut même frapper de son haleine, sans qu'elles se dissolvent à l'instant; et il y a dans les Indes occidentales des espèces de bois si durs, que la coignée s'émousse en essayant de les couper. C'est pour cela que l'un de ces bois qu'on trouve dans l'île de Cuba surtout, a été appelé *quiebra-hacha*, brise-hache; que d'autres ont été nommés *bois de fer*. Il en est dont la dureté est telle qu'on en a pavé les routes, et que les voitures les plus pesantes roulent sans y laisser de trace. Les rameaux du saule cassant, (*salix fragilis*) les piquans, les poils roides de quelques arbres, se brisent pour peu qu'on veuille les plier; tandis que les tiges de certains roseaux, après avoir été entièrement courbés, reprennent leur forme droite dès qu'on les rend à leur élasticité; et la plupart des feuilles violemment agitées par l'orage, n'opposent que leur souplesse à ses efforts, et triomphent,

triomphent, pour ainsi dire, en cédant. Ces diverses propriétés des plantes, leur qualité pliante ou cassante, dure ou molle, leur légéreté, leur nature spongieuse, offrent de grandes ressources aux hommes dans l'usage de la vie, satisfont à leurs différens besoins, varient leurs commodités et leurs jouissances. Voyez le parti qu'ils tirent des diverses espèces de bois, pour leurs édifices ou leurs meubles; de l'écorce du liège, pour boucher leurs vases ou pour se soutenir sur l'eau; de l'amadou, pour répandre en un clin d'œil la lumière autour d'eux; des filamens du lin et du chanvre, pour se vêtir et pour cent autres usages; de la paille et du jonc, pour se tresser des meubles simples, mais commodes; du bois réduit en charbon, pour leurs différens métiers. C'est surtout en passant en revue tous les avantages que l'homme, aidé de l'industrie, retire du règne végétal qu'il est excusable dans ces accès d'orgueil, qui lui font croire que tout a été créé pour lui.

82. *Terre végétale ou humus.*

Il n'y a qu'un très-petit nombre de plantes qui soient susceptibles de germer et de croître sur des masses de terre non préparée par la culture, sur la pierre, sur le sable, le gravier, sur le roc même. Des herbes, des mousses, des lichens, même certaines plantes charnues et succulentes, prospèrent le mieux en ces endroits qu'on croirait d'abord si peu faits pour elles. Elles semblent même affectionner de préférence les rochers les plus nuds. Elles y sont successivement remplacées par d'autres qui y végétent encore avec plus de succès, mais auxquelles le lit formé par celles qui les ont précédées, semble particulièrement nécessaire. Sur cette seconde couche, composée des débris des deux générations précédentes et résultante de leur dissolution, s'élève enfin cette classe de plantes qui est placée au plus haut degré de la fertilité, la classe des arbres. La terre qui forme cette couche, est ce qu'on appelle la terre végétale ou *humus*. Aux lieux où elle peut se rassembler et séjourner, comme dans les vallées et sur les plateaux des montagnes, la fécondité est plus sensible que surles flancs des montagnes, d'où elle est entraînée par les pluies. Quelquefois même, fixée sur la surface unie des rochers isolés, elle porte des touffes de verdure; et l'homme, entouré d'aridité, est frappé de cette espèce de miracle de la végétation.

On conçoit facilement que cette terre, suivant la différence de ses qualités, convient plus particulièrement à telle ou telle plante, selon qu'elle est unie à la terre brute, à la terre argileuse, à la terre calcaire, au sable etc., ou qu'elle est principalement composée des débris de certaines plantes, de feuilles desséchées et corrompues, ou de bois résineux. Elle a différentes qualités qui la rendent plus propre à la végétation de certaines plantes. De-là ces aspects variés que le sol présente, et la diversité des végétaux qui s'élèvent sur sa surface.

83. *Plantes aquatiques.*

Les eaux offrent, comme la terre ferme, une grande variété de plantes. Les sources, les ruisseaux, les marais, les étangs, les lacs etc., en ont qui leur sont particulières. On en trouve sur la mer même, mais presque toujours aux endroits qui avoisinent ses rivages. Les animaux qui vivent dans les eaux, les plantes qui y croissent, diffèrent sensiblement, même à l'extérieur, des animaux et des plantes qui appartiennent à la terre. Il est quelques espèces particulières qui, venant des contrées les plus éloignées, se naturalisent dans d'autres. Mais, en général, les plantes aquatiques ne sont pas aussi nombreuses que les animaux qui vivent sous les eaux. Elles tiennent au fond par des racines, et sont rarement flottantes. Il y a des gradations sensibles depuis les eaux courantes jusqu'au terrein le plus sec. Les mêmes plantes ne se trouvent pas à la fois sur les rivages, sur les terreins inondés, sur ceux qui ne sont qu'humectés, sur les prairies arrosées, dans les marécages que l'été met à sec. A leurs différentes qualités, on reconnaît les divers endroits où elles croissent. Le jonc se plaît dans les marais. La persicaire, le cresson affectionnent le bord des fontaines;

la grande scrophulaire, la reine des prés, aiment le bord des ruisseaux.

84. *Terres en friche, et terres cultivées.*

Les préparations diverses que l'homme donne à la terre, la rendent propre à la végétation de certaines plantes, sans même qu'il s'occupe de leur culture. Parcourez les champs, les jardins, les bords des grandes routes, les haies, les vignobles, les pâturages, les décombres etc., vous y verrez des plantes particulières qui se naturalisent sans votre secours, en ces différens endroits. Vous verrez croître d'eux-mêmes, par exemple, le chardon étoilé, l'herbe aux perles le long des chemins; la jusquiame et le cynoglosse dans vos basses-cours; la violette et le pied de vœu au pied de vos haies vives; l'yeble dans vos bonnes terres labourables; le seneçon, la mercuriale dans vos potagers. Qu'on y fasse un peu d'attention, on observera qu'aux lieux que certaines plantes avaient, pour ainsi dire, affectionnés, elles renaîtront spontanément, soit que ces lieux en friche aient été mis en valeur, soit qu'on les ait consacrés à une autre culture. Ainsi, convertissez, par exemple, votre vignoble en champ, votre champ en pâturage, et vous verrez renaître sur ce terrein les mêmes plantes, les mêmes mauvaises herbes qui se plaisaient à l'ombre de vos seps ou dans vos sillons; et elles échapperont long-tems encore aux efforts que vous ferez pour les en bannir.

85. *Plantes parasites.*

De toutes les plantes les plus singulières quant au siège qu'elles choisissent, ce sont celles qui croissent sur d'autres plantes. Quelques - unes se posent seulement sur leur surface, et ne leur nuisent qu'en arrêtant leur transpiration et leur développement ; peut-être aussi, en favorisant la pourriture ; tels sont les mousses et les lichens qui s'attachent aux arbres. C'est aussi le cas de quelques champignons, mais ils s'attachent principalement à des plantes déja corrompues ou tendantes à se corrompre. Le lierre, qui est enraciné dans la terre, pousse des racines secondaires dans les arbres même et pompent leur substance. La cuscute n'a point de racines. Elle se colle aux plantes, s'élève le long de leur tige et s'y attache comme une sangsue avec des mamelons qui en sucent la sève. Enfin, le gui ne vit que du suc des arbres, et par son extrémité pénètre, à travers l'écorce, jusqu'à l'aubier. Mais, parmi ces plantes parasites, il n'en est pas de plus remarquables que ces petits champignons qui n'ont au dehors aucune racine, mais qui végètent dans l'intérieur des rameaux et surtout des feuilles de quelques plantes, comme du coudrier, de la rose, du charme, de la tithymale, qui souvent sont de nature différente suivant la plante à laquelle ils s'attachent, se développent sous sa peau, la font éclater et, seulement alors, deviennent sensibles à l'extérieur.

86. *Aspect extérieur, physionomie des plantes.*

Les animaux carnassiers, ceux du Nord, ceux des Indes, les coquillages de certaines mers, les animaux aquatiques en général, ont un aspect particulier auquel un œil exercé ne peut manquer de les reconnaître à l'instant. Il en est de même des plantes. Les différens lieux où elles croissent, les diverses contrées dans lesquelles elles sont naturalisées, le climat des Alpes, celui des régions polaires, celui des Deux-Indes, l'Afrique, la Tartarie donnent, à beaucoup d'entr'elles, un caractère particulier. Outre cela, dans le règne végétal, on observe, comme dans le règne animal, un grand nombre de formes qui se rapportent à certaines sensations qu'éprouvent, à certains sentimens qu'expriment les individus de l'espèce humaine. Ainsi, beaucoup de plantes ont une expression de fierté, (nos. XXXI, LXIV, LXXXIX;) de modestie, (nos. VI, LXXXV, LXXXVI;) de gaieté, (nos. LX, LXVI;) de tristesse, (nos. XXIX, LVII, LXXXV;) de roideur, (nos. LIV, LV;) d'agrément, (nos. XXXVI, LXXX;) elles sont ou simples ou modestes

(nos. XLVIII, LXXXII, LXXXVIII;) ou nobles et fastueuses, (nos. I, III, X, XVI.) Elles annoncent, ou la fraîcheur de la jeunesse, (no. LI,) ou la caducité de la vieillesse, (nos. XV, XXVII.) Elles attirent, (nos V, XI, XXXLIII,) ou repoussent, nos. XXIX, XXXIII.) Ne cite-t-on pas la modestie de la violette, l'orgueil du lys, la fraîcheur de la rose, la tristesse du saule pleureur? Qui ne se plaît pas sous un dais de jasmin ou de chevrefeuille? Qui ne recule pas devant la jusquiame, devant la pomme épineuse? L'artiste des jardins sait tirer parti de ces diversités. Il marie ces différens tons. Il assortit ces différentes nuances; et le goût flatté de cette heureuse harmonie, admirant ces trésors variés de la nature, applaudit à l'adresse de l'art.

87. *Plantes sans feuilles.*

Les champignons, le *conferva*, (1) les diverses espèces de *mucor* n'ont rien qui ressemble ni à des feuilles proprement dites, ni à des pétales. Il y a aussi quelques plantes en petit nombre qui ont des fleurs de la forme la plus parfaite, mais qui n'ont point de feuilles. Elles en avaient pourtant le germe. Une cause accidentelle en a empêché le développement. C'est ce qu'on

(1) *Voyez* Valmont de Bomare à ce mot.

trouve le plus souvent chez les plantes parasites, qui ont presque toujours un aspect étrange, et chez quelques autres plantes des pays chauds, qui ont des tiges charnues. Certaines plantes des Indes, pour la plupart hérissées de piquans, paraissent les unes être entièrement dépourvues de feuilles, les autres n'être qu'un composé de feuilles rangées les unes à côté des autres, sans aucun signe extérieur de tige. Mais, ces apparences trompent à plusieurs égards. Dans les premières, il n'est resté à la tige, que des rudimens de feuille qui, pour la plupart, portent une étoile à leur extrémité. Il est même quelques espèces chez lesquelles les feuilles sortent de cette extrémité. Les rameaux du thuya présentent quelque chose de semblable, ainsi que les branches d'if dont on a ôté les folioles.

88. *Tems où les plantes paraissent.*

Il y aurait ici un vaste tableau à tracer. Nous n'en présenterons qu'une légère esquisse. La culture de toutes les plantes se fonde sur la connaissance des tems auxquels chacune d'elles est propre à ses opérations vitales; mais, comment ces opérations se font-elles à telle époque, et non pas à telle autre? C'est ce que personne n'a encore entrepris d'expliquer. D'où vient, par exemple, que le petit ellébore à fleur jaune ou ellébore d'hiver, que les Allemands appellent *fleur du christ*, ne fleurit que vers Noël, la violette, qu'à l'entrée du printems, le colchique seulement à la fin de la saison des fleurs ? D'où vient que les fruits du genèvrier ne mûrissent pas la première année ; que les mousses portent surtout des fruits en hiver ; que les champignons ne poussent avec la plus grande abondance qu'en automne ; et qu'aucune chaleur artificielle ne peut suppléer, dans les plantes, à la tendance spontanée qu'elles ont à pousser au printems? C'est là le sanctuaire de la nature. On le révère de loin. On ne peut en approcher pour sonder ses mystères. Elle nous permet d'observer ses résultats, d'en profiter pour nos besoins et même pour nos plaisirs; mais elle ne nous a admis qu'à une portion infiniment petite de ses secrets.

89. *Plantes sociales, plantes solitaires, plantes souterraines.*

Les plantes ont encore une analogie avec les animaux, outre celles que nous avons déja remarquées. Quelques-unes croissent isolées; d'autres semblent se plaire à la société de leurs semblables. Il en est qui se rassemblent en grand nombre, et près les unes des autres. Voyez les tapis de gazon, les duvets de mousses, les taillis, les forêts. Ils semblent s'approprier exclusivement le terrein qui les porte. Nul étranger n'est admis à partager leur héritage ; d'autres sont toujours seules, abandonnées, séparées du moins des plantes de leur espèce. Ce sont, pour ainsi dire, les hermites du règne végétal. Il s'en trouve aussi qui se montrent à peine au jour; qui, presque tout entières, sont cachées sous la terre, dans les cavités des rochers; qui même croissent au fond des antres les plus obscurs. Tout leur extérieur porte l'empreinte de leur triste destinée. Elles sont communément pâles, sans odeur, sans formes attrayantes. Pour qui brilleraient-elles au fond de leurs cachots?

90. *Utilité des plantes dans la nature.*

La principale destination des plantes paraît être de servir à la nourriture des animaux. Ces deux classes de la création sont également variées; de cette variété même, il résulte qu'il y a des plantes pour toutes les espèces d'animaux, quels que soient leur conformation, leurs dimensions, leurs goûts. Il y a plus: les diverses parties d'une même plante, servent à la fois à nourrir diverses espèces d'animaux; et chacun d'eux ne s'attache qu'à la partie qui lui est propre. Voyez cet arbre qui décore votre avenue. Tandis que le hanneton mange ses feuilles, le ver ronge sa racine, le puceron perce son écorce, et le chévreau peut-être dévore ses jeunes pousses. Mais les plantes remplissent beaucoup d'autres fonctions. Les plus petites préparent, pour ainsi dire, le berceau des plus grandes, qui vont être plus utiles qu'elles aux animaux, et même aux hommes. C'est de leurs débris surtout que va se former cette terre végétale, si propre à la fécondation. Les plantes rendent d'autres services encore. Leur voisinage, leur ombre, offrent un asile souvent à la fois utile et agréable. Elles pompent les vapeurs qui fournissent aux grands réservoirs des fontaines et des fleuves, et empêchent que leurs sources ne tarissent. Elles concourent ainsi à faire filtrer les eaux dans les flancs des montagnes, et à y déposer quelques-uns des élémens des minéraux, à y former ces crystaux encore bruts, d'où la main de l'homme doit faire jaillir un éclat, rival de celui de la lumière. Enfin, les plantes réjouissent par leur seul aspect toute la partie animée de la création.

91. *Maladie et mort des plantes.*

Non seulement les plantes meurent naturellement comme les animaux, quand elles ont épuisé tous les élémens de la vie; mais encore une destruction violente ou les maladies hâtent leur dépérissement. Elles sont sujettes à la phtysie, à l'hydropisie, à la consomption, aux pertes de sang, c'est-à-dire, à l'épanchement de leurs liqueurs, aux abcès, aux tumeurs, à la gangrène, aux ravages des insectes, aux atteintes que leur portent d'autres plantes en s'établissant dans l'intérieur de leur corps ou sur leur enveloppe, etc. etc. Ces diverses infirmités ont des causes très-variées; et, comme les individus du règne animal, la plupart des plantes meurent avant d'avoir atteint le terme naturel de leur vie; dans ces deux règnes, le vœu apparent de la nature est trompé à chaque instant; et parmi tant d'espèces que contiennent l'un et l'autre, le petit nombre des individus est de ceux qui meurent de vieillesse. Les animaux s'entre-dévorent; les hommes s'entre-détruisent; les plantes, encore à la fleur de leur âge, servent à la nourriture des uns et des autres, ou périssent d'une mort anticipée. Mais souvent, comme quelques animaux, elles n'ont que les apparences de la mort; et, de même que les limaçons souffrent impunément l'amputation de la tête, il est quelques plantes qui survivent aux plus violens accidens extérieurs. Comme dans le règne animal, et plus souvent encore, on voit dans le règne végétal des espèces qui se dessèchent entièrement, et qui, à chaque pluie, recommencent à végéter jusqu'à une mort nouvelle. Enfin, on a vu des semences conserver, même au bout d'un siècle, la faculté de produire de jeunes plantes.

92. *Force vitale des plantes.*

Mais les plantes ont-elles une véritable vie? ou se bornent-elles à croître sans avoir d'autres ressemblances avec les animaux? ou bien, se rapprochant de ceux-ci plus encore qu'une première apparence ne l'indique, auraient-elles aussi une ame ? C'est le lieu de répondre à ces questions; mais écartons de notre réponse ce qu'il pourrait y avoir de trop savant ou de trop subtil ? Oui, la plante vit effectivement; elle est différente du sel que l'eau dépose, du sédiment pierreux que l'eau en ébulition laisse au fond d'un vase; de toutes les pierres, de toutes les terres, de tous les métaux. Elle a des veines dans son intérieur, et elle en est nourrie. Par leur entremise, elle élabore au dedans d'elle-même des liqueurs qui lui sont propres; elle reproduit son semblable; elle a une histoire suivie depuis sa naissance jusqu'à sa mort. Dans le cours de sa vie, plus ou moins longue, il n'y a pas de deux jours de suite où elle soit absolument la même. D'une manière lente, il est vrai, mais continue, elle se développe, croît et dépérit. C'est la réunion de toutes ces circonstances, qu'on appelle *la vie ;* et la force qui les produit, s'appelle la *force vitale.* C'est à quoi la vie se réduirait chez les animaux, si on leur ôtait ce souffle, qu'on appelle ame, les sensations et la faculté de se mouvoir spontanément. Ce n'est que par ces trois choses que les animaux diffèrent des bêtes; encore les extrêmes de ces deux classes de la création se touchent-ils de très-près, si même il n'y a pas des gradations non interrompues de l'une à l'autre. Ne connaît-on pas des animaux si insensibles, si lents dans leurs mouvemens, pourvus d'un instinct si obtus, qu'on a été long-tems à croire qu'ils n'étaient que des plantes? N'y a-t-il pas des plantes qui, pour pourvoir à certains besoins, font des mouvemens qui paraissent spontanés? Eh bien, ces animaux, ces plantes, se rapprochent, se touchent, sur la limite qui sépare les deux empires.

93. *Ambre, bois pétrifiés, ardoises herborisées, pierres incrustées, (incrustate.)*

On connaît, sous le nom de pétrifications, plusieurs animaux aquatiques, comme des écrevisses, des poissons, des coquillages, des limaçons, que l'on détache des couches de rochers, avec lesquels sans doute ils ont été emportés par les eaux de la mer, il y a plusieurs milliers d'années. Les débris du règne végétal présentent le même phénomène. Les plus récents, ceux dont la formation n'est pas même encore achevée, s'appellent *incrustation.* Ce sont des plantes que les fontaines et les ruisseaux ont successivement recouvertes de tuf. C'est un composé de parties de plantes indigènes, de feuilles de coudriers et d'aulnes, de roseaux, de mousse, et autres substances semblables, mêlées quelquefois avec des limaçons de terre.

Quant aux bois pétrifiés, aux bois fossiles et bitumineux, aux ardoises, qui portent des impressions de plantes, et à l'ambre, ils remontent sans doute à des tems extrêmement reculés, et doivent avoir une origine semblable à celle des charbons de terre, qu'on conçoit difficilement provenir d'autre chose que de l'incendie de forêts entières. L'ambre n'est que la partie résineuse de leurs arbres, qui atteinte d'un feu moins ardent, se sera mise en fusion, et se sera comme saturée d'une grande quantité d'insectes de bois.

Remarquons à cette occasion, que les plantes incorporées à l'ardoise, qui accompagne le charbon de pierre, ne sont pas indigènes; mais paraissent appartenir au sol des Indes lors même que cette ardoise est tirée de nos contrées européennes. Observons encore que ces plantes ne se trouvent pas parmi les autres pétrifications de la mer. Quel vaste champ pour les conjectures à former sur les révolutions qu'a éprouvées notre globe!

94. *Espèces des plantes.*

A qui n'est pas familière cette expression, l'espèce des roses, l'espèce des lys, l'espèce des poules, l'espèce des chiens? Ceux qui l'emploient s'entendent fort bien; mais bien des gens seraient peut-être assez embarrassés de l'expliquer. Avec un peu de réflexion, on sent que ce n'est pas proprement, telle rose, tel lys, tel chien, telle poule, chacun de ces êtres pris isolément, qu'on a voulu désigner ainsi ; mais que plusieurs fleurs, par exemple, dont aucune n'est absolument semblable à l'autre, réunissent cependant certaines conformités, qui leur ont fait donner le nom de lys ou de rose ; que de même, par la comparaison de bêtes de différentes espèces, on en est venu à se former la représentation d'un chien ou d'une poule. Le lys couleur de feu, le lys blanc, le lys à turban, forment chacun une différente espèce ; et chacune d'elle ne reproduit que des fleurs semblables à elle-même. Le nom générique de lys, n'indique que les propriétés qui sont communes à toutes les espèces.

95. *Constance des espèces.*

Nous n'avons jusqu'à présent aucune raison de croire que les espèces s'altèrent successivement ; car il ne faut pas compter, comme des altérations, les modifications déterminées qu'elles subissent. D'anciennes descriptions, des dessins faits avec soin nous rappellent parfaitement les plantes que nous avons encore sous les yeux. Le climat, le sol, d'autres circonstances produisent des changemens dans quelques parties accessoires, augmentent le nombre des pétales, par exemple, les nuancent de nouvelles couleurs ; mais l'histoire de la nature ne nous présente ni transformation complette, ni anéantissement absolu. Les bâtardes, que devrait produire la la poussière prolifique d'une espèce déposée sur le stigmate de l'autre, obéissent rarement aux essais de l'art ; et la nature en pleine liberté, en produit encore plus rarement. Elle paraît n'avoir pas voulu permettre que les caractères qu'elle a assignés à chacune des espèces, pussent s'effacer au point de les rendre méconnaissables.

96. *Utilité des espèces.*

Les espèces, aussi bien que leurs variations, soit résultantes de certaines circonstances ou de certains procédés, soit déja anciennes, et paraissant contemporaines des espèces elles-mêmes, sont remarquables pour l'homme en particulier, par la fixité des lois auxquelles elles sont assujetties. Telles sont la vigne, la cerise, la pomme, le choux, etc. et leurs diverses variétés. L'espèce et la variété sont également constantes, et c'est leur principal avantage. De quoi nous eût servi d'avoir découvért dans une plante des propriétés agréables et utiles, si nous n'eussions pas été certains qu'une autre plante, extérieurement semblable à la première, possédait les mêmes propriétés ? Il eût donc fallu errer d'essais en essais, au risque des plus fâcheuses méprises. C'est bien alors que la nature eût mérité, à notre égard, le titre de marâtre. Elle a, au contraire, attaché des signes distincts à celles de ses productions qui nous sont utiles ou agréables, comme à celles qui peuvent nous nuire ; et un seul essai sur un individu de chacune des espèces qu'elle a créées, suffit pour fixer nos incertitudes. Quand elle semble devier des lois qu'elle s'est prescrites, ce n'est pas inconstance de sa part. Un peu de réflexion nous explique bientôt ce désordre apparent. Nous ne pourrons donc que gagner de toutes manières à étudier les plans de la nature. Les variétés que nous y observerons, seront pour nous une source de nouveaux plaisirs sans aucun danger. Elles nous prouveront, outre sa bienfaisance, son inépuisable fécondité.

97. *Désignation des espèces de plantes.*

Mais il nous serait encore peu utile d'avoir acquis la certitude de l'existence des diverses espèces, après que le nombre des plantes s'est tellement multiplié qu'il ne peut être retenu par la mémoire même la plus heureuse. Dans toutes les parties du monde, on a défini une immense quantité de plantes utiles et nuisibles, que l'on ne peut trouver réunies au même endroit, ni par conséquent comparer entr'elles; et, cependant, quelques-unes, avec une ressemblance qui pourrait facilement égarer, ont des propriétés fort différentes. Comment obvier à cet inconvénient ? Peindre ou dessiner toutes ces plantes eût été trop dispendieux. Avec des observations suivies et des descriptions exactes, on est parvenu à suppléer à cette ressource. On a fait ainsi, de tout le règne végétal, un grand livre dans lequel la méthode nous a appris à lire. Les diverses parties des corps des plantes, leurs surfaces, leurs couleurs, leurs bordures, leurs broderies, etc. sont, pour ainsi dire, les caractères avec lesquels est écrite l'histoire des plantes. La plume a tenu la place du crayon, et a tracé le portrait de chacune d'elles, pour le rendre sensible, non aux yeux, mais à l'imagination. Un voyageur philosophe, en nous décrivant les mœurs de la Nouvelle Zélande, nous a fait connaître ses habitans comme si nous eussions vécu au milieu d'eux. Un voyageur naturaliste nous a de même fait connaître ses plantes; et si l'un et l'autre ont bien rempli leur tâche, nous pourrions dire, en voyant un de ces insulaires : *Voici un habitant de la Nouvelle Zélande*; et en voyant un des végétaux qui naissent sous leurs pas : *Voilà une plante de leur île.* De même, en se reportant dans nos climats, d'après une description exacte de cette fleur, dont les nuances et les parfums enchantent nos sens, qui sert à la jeune beauté de parure et de modèle, on peut s'écrier : *Je reconnais la rose*, et la distinguer de toutes les autres plantes.

98. *Désignation des genres.*

Les descriptions cependant ne feraient encore connaître que les espèces. Il faut ensuite des moyens semblables pour faire discerner les variétés d'une même espèce; c'est-à-dire, pour déterminer les genres. La description générale de la classe des *lys*, par exemple, présente une corolle à six pétales, en forme d'entonnoir et sans calice, au fond de laquelle sont un petit sillon allongé, six étamines, un pistil, avec un germe à trois loges, un style et un stigmate épais et à trois angles. Les roses ont un calice en forme d'urne, qui cache les pistils pourvus d'une seule semence, et qui finit par devenir le fruit. Le calice est divisé par le haut en cinq parties, et au bord de l'urne, dont il a la forme, sont cinq corolles autour d'un nombre indéfini d'étamines. Voilà le lys; voilà la rose en général; mais le climat, le sol, le genre de culture, font subir à ce premier type diverses modifications.

99. *Liaison des genres entr'eux.*

Les genres sont déja si nombreux qu'on peut en compter environ deux mille. Leur énumération détaillée ne pourrait que fatiguer la mémoire. On les a donc rangés d'après certaines conformités générales, et on a eu principalement attention à ce que la classification partît d'un certain rapport, et que ses subdivisions pussent facilement se comprendre et se faire reconnaître par une description. On a classé toutes les plantes d'après leur fruit, leurs calices, leurs parties sexuelles et même d'après leurs feuilles. Le but principal d'une pareille classification qu'on appelle *SYSTÊME*, consiste en ce que toute plante inconnue, quand elle a été une fois mise par un connaisseur à la véritable place qu'elle doit occuper, peut être facilement reconnue, si on suit, avec quelque attention, ses différens caractères. C'est ainsi que, par une sorte de prodige, on peut, en quelques minutes, déterminer la plante des Indes, dont on n'aura pas eu auparavant la moindre notion, pourvu qu'elle soit définie conformément au système d'après lequel on l'examine.

100. *Système de Linné.*

Ce serait m'écarter étrangement de mon but que d'entreprendre de retracer ici les différentes classifications de plantes qui, depuis deux siècles, ont été proposées au monde savant. Mais je ne passerai pas sous silence celle dont l'invention a rendu des services essentiels à la science des végétaux, celle que l'on doit à un homme dont le nom vivra dans le cœur reconnaissant de tous les amis de la nature. Je veux parler de Linné, suédois d'une origine commune, qui, par la force de son imagination et de son esprit, et par le zèle infatigable qu'il a employé toute sa vie à scruter les secrets de la nature, peut en être regardé, dans notre siècle, comme le grand-prêtre. Par son exemple et par ses succès, la connaissance et l'amour des productions de la création, ont été portés au point où on les voit, et il a préparé, pour la race future, le perfectionnement de cette étude. En le parant de ces distinctions qui, pour être supportées, devraient du moins ne s'accorder qu'au mérite, son roi s'est honoré lui-même. Ses classifications des corps naturels ont été adoptées partout, depuis l'Amérique jusqu'au Japon, depuis le Groenland jusqu'à la Nouvelle Hollande. A des intervalles aussi immenses, les plantes de ces diverses contrées ont révélé à son œil observateur les secrets de leurs propriétés et ceux de leurs amours. Tous les rangs, toutes les croyances se sont réunis pour lui rendre des hommages unanimes. Il a donné des leçons aux philosophes. Il a fourni aux poètes des sujets à chanter. Le beau sexe lui-même lui doit d'agréables occupations. Par-tout on a éprouvé, pour Linné, cette douce sympathie qu'il a su inspirer pour les ouvrages de la nature.

Son système, qui n'est cependant qu'un de ses moindres titres à l'estime, mais dont l'invention a eu l'effet le plus général, ne peut être ni développé ni apprécié ici. Le peu que nous dirons suffira peut-être pour donner le désir de parcourir, d'étudier en détail le tableau dont nous allons tracer l'esquisse.

Le système de Linné se fonde sur le nombre et la conformation des parties sexuelles. Il contient vingt-quatre classes ou divisions principales, auxquelles Linné a donné des noms qui indiquent le caractère marquant de chacune d'elles. Ces noms paraîtront peut-être d'abord un peu barbares à ceux qu'effraie la nouveauté. Ce ne sont cependant que de ces mots grecs, dont toutes les langues modernes sont bien plutôt enrichies que hérissées. Ceux qu'emploie Linné ont le double mérite d'être parfaitement adaptés à son système, et d'exprimer, en peu de syllabes, ce qu'on ne pourrait rendre, en mots français, que par une longue circonlocution. Nous n'en citerons qu'un seul exemple.

Selon Linné, une espèce de prêle, connue sous le nom de pesse-d'eau, (*hippuris aquatica*) est de la classe qu'il appelle *monandrie*. Ce mot indique que la pesse d'eau est une de ces plantes à une seule *étamine*, ou n'ayant qu'un seul mâle. *Monandrie* est un composé de deux mots grecs; *monos* seul, unique, et *andros*, mâle.

Le nom des autres classes indique de même, soit le nombre, soit la position des étamines.

La vingt-quatrième, qui comprend les mousses, les champignons et autres plantes de la même espèce, s'appelle la *cryptogamie*, de *crypto*, qui signifie caché, et *gameo*, je me marie. Tels sont ces mots grecs, francisés depuis long-tems; *bigamie*, deux mariages; *polygamie*, plusieurs mariages. Or, les plantes de cette classe sont ainsi nommées, parce que leurs parties sexuelles ne sont pas aussi distinctes que dans les autres. (Nos. XCII, C.)

Les trois classes qui précèdent cette dernière, se distinguent de presque toutes les autres, en ce que leurs sexes sont séparés. La vingt-troisième s'appelle *polygamie*. Les plantes, dont elle est composée, et parmi lesquelles on peut citer l'ellébore blanc, la pariétaire, etc. ont, à la vérité, des fleurs hermaphrodites; mais en même-tems elles en ont qui ne portent que l'un des deux sexes.

La vingt-deuxième, la *dioécie* (deux habitations) comprend les plantes où les sexes sont tout-à-fait séparés, en sorte qu'une tige n'a que des fleurs mâles; une autre, n'en a que de femelles. Tels sont ces saules qui bordent vos ruisseaux, ces peupliers qui dessinent vos avenues, l'épinard, le chanvre, le houblon, etc.

La vingt-unième, la *monoécie* (une seule habitation) a sur une même tige, mais séparées les unes des autres, les fleurs mâles et les fleurs femelles. L'aune, le bouleau, la noisette, la citrouille, le bled de Turquie ou maïs appartiennent à cette classe.

Ainsi, en suivant l'ingénieuse comparaison que le systême de Linné établit entre l'union matrimoniale dans l'espèce humaine et le mariage des plantes, on pourrait dire que dans la *dioécie* les époux ont chacun leur habitation particulière, et que dans la *monoécie*, ils vivent sous le même toît, mais font lit à part.

Toutes les autres classes ont presque généralement des fleurs hermaphrodites. Les plantes qui les composent, pourraient être comparées à ces ménages dont les époux ne se quittent jamais.

Quelques-unes de ces classes ont cela de particulier, que les parties sexuelles se sont unies à tel point qu'elles croissent incorporées l'une à l'autre. C'est ce que les botanistes français appellent *connexes*. Dans la vingtième, la *gynandrie*, les étamines et les pistils sont entièrement connexes. Les orchis, les aristoloches appartiennent à cette classe.

Dans la dix-neuvième, la *syngénésie*, (qui propagent ensemble,) les anthères seules sont connexes avec le pistil. (*Fig.* 94, 95.) Tels sont les tournesols, les asters et toutes les plantes qu'on appelle radiées.

Dans les trois classes qui précèdent la dix-neuvième, cette jonction intime n'existe que dans les filets des étamines, (*fig.* 44, 45,) et d'une manière différente dans chacune d'elles; savoir :

Dans la seizième, la *monadelphie*, (une seule fraternité,) les étamines ainsi réunies, ne forment qu'un faisceau ; telle est la mauve.

Dans la dix-septième, la *diadelphie*, (double fraternité,) elles en forment deux, comme dans la fève, le pois, la gesse.

Dans la dix-huitième, la *polyadelphie*,

(fraternité multiple,) les étamines sont réunies en plusieurs faisceaux. La fleur de l'oranger et le mille-pertuis en présentent des exemples.

Il y a encore deux classes qui se distinguent par une circonstance particulière. Les étamines y sont de longueurs différentes. Dans la quatorzième, la *didynamie*, (*fig.* 21, 23, 34) (mot qui signifie *deux puissantes*,) on trouve quatre étamines, dont deux sont plus longues que les deux autres : tels sont le mufle de veau, l'ortie morte, autrement dite le *lamium*. Dans la quinzième, *la tetra dynamie*, (*fig.* 16, 18) (quatre puissantes,) il y a six étamines, dont quatre surpassent de beaucoup les deux autres en longueur. Les fleurs du choux, de la julienne, de la giroflée, du cochlearia, etc. sont dans ce cas, pourvu toutefois qu'elles ne soient pas pleines.

Les autres treize classes restantes se distinguent uniquement par le nombre des étamines que l'on compte dans leurs fleurs, toutes hermaphrodites. Il y a cependant encore quelques légères restrictions à faire à cette règle. Ces dix premières classes ne sont marquées que par le nombre de leurs étamines, depuis une jusqu'à dix.

La monandrie n'a qu'une seule étamine; le jonc, la pesse d'eau.

La diandrie en a deux; la sauge, le romarin, le troène.

La trandrie trois; (*fig.* 88,) l'iris, le safran, le millet.

La tetrandrie quatre; le cornouiller, le plantain, le caillelait.

La pentandrie cinq; l'oreille de souris, le chevrefeuille, la viperine, l'herbe aux perles.

L'hexandrie six; (*fig.* 35,) la tulipe, le narcisse, l'épine-vinette.

L'heptandrie sept; la fleur du maronnier d'Inde.

L'octandrie huit; la capucine, l'herbe aux ânes, la bruyère.

L'ennéandrie neuf; la rhubarbe, le laurier.

La decandrie dix; l'œillet, le lychen, le dictame blanc, la saponaire.

Le nombre de onze étamines se trouve si rarement que Linné n'a pas cru devoir le faire servir de caractère à une classe particulière.

Le nombre de douze étant plus fréquent et plus constant, il l'a appliqué à la onzième classe, appelée pour cela *dodecandrie*: le pourpier, le réséda, la joubarbe lui appartiennent.

Un plus grand nombre d'étamines se trouve dans quelques genres, mais d'une manière si peu déterminée, qu'il n'a pu servir de règle fixe. Linné a cru cependant devoir encore faire deux classes du très-grand nombre de plantes qui sont dans ce cas. Il a appelé la douzième *icosandrie*, (vingt étamines,) (*fig.* 26,) celle des plantes où les nombreuses étamines sont implantées dans le calice; telles sont les fraises, les roses, les poires, les cerises; et la treizième classe, *polyandrie*, (beaucoup d'étamines,) où elles posent, à l'extrémité du pétiole de la fleur ou sur le germe, comme dans le pavot, la renoncule, l'ancolie, le bec d'oiseau, le tilleul.

101. *Sous-ordres ou divisions des classes de Linné.*

Dans les treize premières classes, Linné n'a égard qu'au nombre des étamines, mais chacune d'elles est divisée en différens ordres déterminés, en grande partie, par le nombre des pistils. Dans la quatorzième et la quinzième, c'est le fruit surtout que l'on considère. La quatorzième, qui est la *didynamie*, a deux ordres. Dans l'un, auquel appartiennent l'ortie morte, la sariette, le thym, la melisse, etc. il y a quatre semences à découvert. C'est la *didynamie gymnosperme*, (ce second mot signifie *semences nues.*) Dans l'autre ordre, qui s'appelle *didynamie angiosperme* (à semences recouvertes,) et qui comprend l'euphraise, la digitale, la linaire, la scrophulaire, etc. on trouve plusieurs semences enfermées dans une capsule.

La quinzième classe, la *tetra didynamie*, se divise de même en deux ordres; celui dont les plantes ont des siliques courtes, comme la bourse à pasteur, le passe-rage, le cresson alenois etc., et celui où les siliques sont allongées, comme la giroflée, la julienne, le choux, etc.

Les divisions les plus générales des treize premières classes sont prises du nombre des parties femelles. On compte d'abord les pistils, (*fig.* 46, 48, 85,) et s'il n'y en a qu'un, on compte ses styles, (*fig.* 11, 37, 38, 39, 92;) enfin si les styles manquent, on compte les stigmates particuliers, (*fig.* 88, 89,) et on détermine l'ordre par le nombre de ses parties. Ainsi l'épine-vinette, par exemple, a six étamines et un seul pistil. Pour ses étamines, elle appartient à la sixième classe, l'hexandrie, et par son pistil, à l'ordre qu'on appelle *monogynie*, qui signifie germe unique. Le réséda, l'euphorbe ont douze étamines et trois pistils, ils sont de la *dodécandrie*, pour la classe, et de la *trigynie* pour l'ordre.

Quand on veut donc désigner une plante d'après le système de Linné, on dit, par exemple, qu'elle est de la *pentandrie-digynie*, ce qui signifie qu'elle a cinq étamines et deux pistils. Remarquons, en passant, que les plantes qui sont à la fois de cette classe et de cet ordre, sont en plus grand nombre que toutes les autres. Elle renferme, par exemple, tous les ombellifères, comme la carotte, la ciguë, le persil, le cumin, le cerfeuil, le panais, la berce, etc., et toutes ces plantes qu'on rencontre à chaque pas, et dont les rameaux sont disposés comme les branches d'un parasol déployé.

La dix-neuvième classe contient aussi une subdivision remarquable. Elle ne comprend presque que des plantes à fleurs composées. Dans cette classe, les fleurettes de chaque fleur sont toutes hermaphrodites, comme dans la laitue. Toutes les fleurs y sont également traitées; et Linné appelle cet ordre *syngenesia polygamia ŒQUALIS*; ou bien les fleurettes du rayon sont femelles seulement; c'est-à-dire, qu'elles n'ont que des pistils. Dans ce dernier cas, ou elles sont fécondes, et alors, suivant Linné, l'addition de ces fleurs du rayon est *superflue* pour la conservation de l'espèce; et à cause de cela, il appelle l'ordre auquel elles appartiennent, *syngénésie polygamie*, *SUPERFLUE*; telles sont l'armoise, la tanaisie, l'immortelle, etc. Ou bien, il n'y a que les fleurettes hermaphrodites du disque, ou les fleurettes femelles du rayon, qui soient propres à la fécondation, et les autres meurent, par l'absence ou par l'absorption des parties essentielles du pistil. N'y-a-t-il que les fleurettes femelles qui soient fécondes, comme dans le bluet? alors, Linné prétend que l'addition des fleurettes, purement femelles, est inutile, que l'espoir qu'elles avaient donné est *frustré*; et il appelle l'ordre auquel appartiennent ces plantes, *syngénésie polygamie FRUSTRANÉE*. Tels sont le tournesol la centaurée, etc.; que si au contraire, les seules fleurettes du disque sont fécondes, comme dans le souci, elles sont, à bon droit, réputées *nécessaires* ; et les plantes auxquelles elles appartiennent, sont de l'ordre que Linné appelle *syngénésie polygamie NÉCESSAIRE.*

102. *Exemples des ordres ou divisions des classes.*

Supposé qu'on ne connût pas la rose simple et non cultivée, et qu'on voulût déterminer à quelle classe du système de Linné elle appartient, on verrait d'abord qu'elle est du nombre de ces plantes dont les parties sexuelles sont très-distinctes, qu'ainsi elle ne doit pas être rangée dans la *vingt-quatrième classe*, la cryptogamie. Ses fleurs sont hermaphrodites ; il faudrait donc l'écarter des trois avant-dernières ; c'est-à-dire, de la *monoécie*, *de la dioécie et de la polygamie.* Il n'y a pas de connexion entre ses parties sexuelles ; elle n'est donc d'aucune des cinq classes qui précèdent la vingt-unième ; ni de la seizième, qui est la monadelphie ; ni de la dix-septième, qui est la diadelphie ; ni de la dix-huitième, qui est la polyadelphie ; ni de la dix-neuvième, qui est la syngénésie ; ni enfin de la vingtième, qui est la gynandrie. Elle a un grand nombre d'étamines ; elle devrait donc être exclue de la quatorzième et de la quinzième, dont l'une n'a que quatre et l'autre que six étamines. Elle ne pourrait donc trouver sa place parmi les treize premières que dans les deux dernières, à cause de son grand nombre d'étamines ; et, comme les siennes sont attachées sur la partie interne du calice, on prononcerait qu'elle appartient à la douzième classe qui est connue dans le système de Linné sous le nom d'*icosandrie*.

Voilà la classe de la rose déterminée. Mais, dans quel *ordre*, dans quelle division de cette classe la placerons-nous ? En examinant son centre, on verra qu'elle n'est dans aucun des ordres, où il n'y a qu'un petit nombre de pistils. Elle appartient donc à celui où il y en a une grande quantité, à l'ordre dit de *polyginie*, c'est-à-dire, de plusiseurs femelles. Ici nous retrouvons l'espèce des roses parmi celles des ronces, de la fleur de fraisier, de l'argentine, etc., qui, comme elle, sont de l'isosandrie-polyginie ; mais elle diffère par son calice en forme d'urne qui, en perdant ces cinq languettes, devient un faux-fruit de l'espèce des baies, vulgairement nommé *gratte-cul*, et qui renferme les véritables fruits, petits corps en forme de semences résultant du grand nombre de pistils.

Parmi les fleurs composées, l'aster peut nous fournir un autre exemple. Elle appartient à la dix-neuvième classe, la syngénésie, (où les anthères sont collées ensemble) quoiqu'à quelques égards on pût la ranger dans la vingt-troisième, la polygamie (où il y a plusieurs mariages sur une même plante.) Nous verrons

verrons bientôt pourquoi elle doit en être exclue. Les pistils de ses fleurs hermaphrodites, ainsi que ceux des fleurs femelles du rayon sont féconds; ils ont des stigmates sensiblement divisés. Ils portent des fruits parfaits. L'espèce des asters appartient donc à l'ordre où l'addition des fleurettes femelles est superflue. Nous prononcerons donc qu'elle est de la *syngénésie - polygamie superflue*. Mais il y a beaucoup d'autres espèces qui sont dans le même cas. Elle differe, par son réceptacle nud, de celle dont le réceptacle est *paléacé*, c'est-à-dire, recouvert de pailles; et, parmi les fleurs de cette première espèce, elle est distinguée par ses semences entourées de poils ou aigrettes, de celles qui n'en ont pas, ou dont les semences ont un entourage de petites feuilles; enfin, parmi les fleurs à semences, entourées de poils, elle differe encore, par son calice écailleux et divergent, de celles dont le calice est composé de folioles d'égale grandeur, ou de folioles appliquées de près à la tige.

Quand on a une fois trouvé le genre, alors on cherche à déterminer l'espèce par les caractères que l'expérience et la comparaison apprennent à reconnaître. L'espèce des *roses*, par exemple, se distingue par la forme du calice en urne, par la présence des épines et la figure des feuilles; l'espèce des asters par le péduncule nud et écailleux des fleurs, par les feuilles, par la couleur de la corolle etc.;

et lorsqu'une fleur dont la classe et l'ordre sont bien déterminés, réunit les caractères par lesquels elle se distingue des autres de la même classe et du même ordre, on peut la nommer à coup sûr. Je tiens, par exemple, une fleur composée dont je ne sais pas le nom; je trouve facilement qu'elle est de la *syngénésie - polygamie*. Voilà sa classe. Je remarque que ses fleurettes femelles sont fécondes. Elle est de la *syngénésie - polygamie superflue*; voilà son ordre. Je parcours la liste des plantes de cet ordre. J'en trouve une qui, comme celle que je tiens, a un calice scarieux avec des écailles concaves, dont le réceptacle est nud, dont les semences sont garnies d'une aigrette plumeuse. Je reconnais le *gnaphalium*. C'est le nom de ma fleur. Autre exemple dans une autre classe.

Je cueille une fleur qui a un faux air d'œillet. Je lui trouve dix étamines. Elle est de la *décandrie*; deux pistils, son ordre est de la *digynie*. Je cherche parmi les plantes de cette classe et de cet ordre. Je viens à celle qui, comme la mienne, a cinq pétales, un calice en forme de tube et nud à sa base, dont la semence est enfermée dans une capsule oblongue et à une seule loge; et je dis: c'est une *saponaire*.

103. *Motifs moins apparens qui ont déterminé la classification de Linné.*

Au premier coup d'œil, on pourrait croire que Linné a inventé arbitrairement son système, pour y adapter les différens cas que présente la nature dans le règne végétal. C'est précisément tout le contraire. Dans le règne animal, il paraît assurément très-inconvenant de placer la brebis à côté du tigre et du lion, et de n'en faire qu'une seule classe; mais personne ne s'étonnera de voir ranger sur la même ligne la brebis, le chameau, le bœuf et le cerf, comme animaux ruminans et fissipèdes; le lion, le tigre, le chat, le loup cervier, comme animaux carnassiers. Chacune de ces divisions est en même tems distinguée par un grand nombre de caractères. On peut donc l'appeler *naturelle*. C'est pour cela que le cochon, quoiqu'il soit fissipède, n'est pas placé parmi les animaux ruminans, parce qu'il ne leur ressemble que par ce seul caractère, et qu'il en diffère par beaucoup d'autres.

Mais, si l'on classe les animaux d'après le nombre de leurs pieds et de leurs doigts, le cochon trouve sa place immédiatement après les ruminans; et le petit marsouin, qui tient à quelques égards à l'espèce des lièvres, se place contrairement à toutes les autres analogies naturelles, à côté du tapir qui a des rapports avec l'éléphant.

Il en est absolument de même dans le règne végétal, quant à la classification des plantes. Le système de Linné rentre dans les exemples que nous venons de tirer du règne animal. Il n'est pas précisément indiqué par la nature. C'est une invention de l'art, qui offre seulement une sorte de registre à consulter. La sauge, qui tient de si près à l'ortie-morte, est cependant, à cause du nombre de ses étamines, éloignée de la quatorzième classe à laquelle celle-ci appartient, et placée dans la seconde. L'iris et les espèces de lys qui ont beaucoup d'analogies, sont dans des classes différentes, parce que l'une a trois étamines, et que l'autre en a six.

Cependant, les classes de Linné sont fondées sur des ressemblances naturelles; et il a cherché à ordonner son système de manière à les conserver. La classe de la *didynamie* et celle de la *tétradidynamie* comprennent les fleurs *verticillées*, c'est-à-dire, formant, par étages, des cercles autour de la tige, comme la *bétoine*, le *phlomis*; les fleurs *en masque* ou *personnées*, comme la linaire; et les fleurs *à siliques*, longues ou courtes, comme la giroflée et la bourse à pasteur, etc. La *monadelphie* comprend toutes les espèces qui tiennent aux mauves; la *diadelphie*, les plantes à gousse ou légumineuses, comme le haricot, la gesse; la *syngénésie*, toutes les plantes à fleurs composées, comme le tournesol, le laiteron, le pissenlit, l'armoise, la centaurée, le souci et tant d'autres. Presque tous les systêmes ne sont guères, comme celui-là, autre chose que des registres des plantes, mais on a cherché, autant qu'il a été possible, à y rappeler les affinités naturelles.

104. *Familles des plantes.*

Si on considère les plantes sans prévention, et qu'on cherche à décrire leurs affinités d'après la réunion des principaux caractères, quant à leur forme, leur développement, leurs liqueurs, les lieux de leur séjour, on parvient à les déterminer de plus en plus avec clarté; et le règne végétal se partage en un grand nombre de peuplades ou de familles, dont l'ordre et la description ne sont nullement arbitraires, mais tiennent à la nature même des choses.

Chez les animaux, ces familles étaient beaucoup plus faciles à déterminer. Ils ont des caractères bien plus sensibles dans leurs formes extérieures, dans leurs enveloppes, leurs yeux, la chaleur de leur corps. On s'apperçoit bientôt, par exemple, que le serpent, qui est sans pieds, ne doit pas être rangé dans la classe des vers de terre ou des anguilles, mais que sa place est à côté des lézards; que la baleine ne se rapproche point du tout des poissons, mais qu'elle a des rapports avec le chien de mer, avec la loutre, et avec les quadrupèdes qui ont le sang chaud.

Dans le règne végétal, ces affinités sont plus compliquées. Les formes ont des apparences qui induisent plus facilement en erreur. Les différences dans la structure intérieure des plantes, ne peuvent être saisies qu'après que l'on a décomposé avec attention leurs parties les plus délicates, et qu'on les a longuement comparées entr'elles. On en rencontre souvent qui se ressemblent beaucoup par leurs formes extérieures, tandis qu'elles diffèrent essentiellement par leur organisation interne.

Mais, si un examen approfondi détermine entre les plantes des affinités intérieures qui les font ranger, soit dans une même classe, soit dans des classes voisines les unes des autres, elles ont cependant souvent des caractères extérieurs, assez marqués pour servir de base à une classification propre à présenter une suite de tableaux dans un ordre qui paraît plus naturel, parce qu'il est plus facile à saisir par les yeux, sans recherches minutieuses et quelquefois pénibles.

105. *Système naturel.*

Cette classification des plantes suivant ce second point de vue, ne laisse cependant pas d'être compliquée; et les familles qui la composent, sont aussi très-nombreuses. On a donc cherché à en former quelques groupes principaux dont chacun embrasse les plantes qui ont entr'elles certains rapports extérieurs et frappans. Encore a-t-il fallu modifier, à beaucoup d'égards, ce systême qui ne sert proprement qu'à faciliter les premiers progrès de la science, et à offrir à l'œil des débutans quelques points d'appui principaux. Cet arrangement des familles des plantes a été appelé *systême naturel*, pour le distinguer du systême artificiel qui, comme nous l'avons dit, n'est proprement qu'un registre à consulter.

Pour classer ainsi les familles naturelles, on peut considérer les plantes sous différens points de vue. La forme de la corolle nous paraît le caractère le plus agréable comme le plus facile à saisir. C'est donc d'après la corolle que nous allons indiquer les rapports entre quelques-unes des plantes les plus connues.

106. *Famille avec des corolles rosacées*, (*fig.* 12, 14, 15.)

Ces familles ont la corolle à cinq pétales, que présente la plus belle d'entr'elles, la famille des roses.

Parmi les rosacées se trouvent les *fruits à noyau*, les prunes, les cerises, les abricots, les pêches, les amandes les prunelles; les *fruits à pepin*, les poires, les pommes, les coings, les nèfles, les arbustes nommés *spiræa*, l'épine blanche, le sorbier d'oiseau. (N°. LI.) Les rosacées proprement dites, (nos. V, XXXVII,) comprennent le rosier, le mûrier, le framboisier, le fraisier et la quinte-feuille. Mais dans ces diverses espèces de plantes, il y a des différences sensibles dans le fruit, dans les parties sexuelles, dans les bractées, dans le calice.

Les malvacées (ou plantes de la famille des mauves,) (nos. XLI, XLII,) parmi lesquelles on range aussi le cotonnier, sont déterminées par les canaux des étamines. Le cerfeuil, le persil, le fenouil, l'anis, la ciguë, le céléri, le panais, etc. appartiennent aux *ombellifères*, (*fig.* 10, 15,) qui ont un port tout particulier et qui sont remarquables par la délicate configuration de leurs fleurs et de leurs fruits.

La renoncule, l'anemone, la parnassia, la pulsatille, l'herbe aux gueux ou *clématite vittalba*, l'ancolie, le *delphinium* ou bec d'oiseau, la *nigella*, les pivoines, composent une famille dont les fleurs ne sont pas moins remarquables par leur beauté que leurs sucs le sont par leurs propriétés vénéneuses, (nos. LVI, LIX;) on les nomme à cause de leurs fruits (*fig.* 36, 47,) plantes à plusieurs gousses ou renonculées.

La grande joubarbe ou *sempervivum tectorum*, la rhodiola ou orpin à odeur de rose, sont des *plantes succulentes* à feuilles charnues, (nos. XXXVIII, LXXXVI.) Sous le nom de *plantes caryophillées*, (no. LXXXI,) on comprend, outre les œillets des champs et ceux des jardins, le *tagetes*, le *lychnis viscaria*, la spergule, l'alsine, la verveine, l'*agrostema githago*, ou nielle des bleds.

La grande quantité des *geranium* ou becs de grue, parmi lesquels il faut compter les espèces de *geranium* d'Afrique, dont la plupart sont odorantes, forme encore une famille particulière. Le cresson de Turquie, (n°. XXXVI,) le maronier, le pistachier et les diverses espèces d'érable forment ensemble une famille désignée sous le nom de *plantes à trois stigmates*, parce qu'elles sont toutes remarquables par trois grands stigmates adhérens dont leurs semences sont surmontées. De même les différentes espèces de vigne et le lierre sont rangés, comme plantes grimpantes, dans la même famille.

Certaines plantes de l'Inde, charnues, d'une configuration particulière et pour la plupart dépourvues de feuilles, plantes que les amateurs d'Europe se plaisent à cultiver, le mésanbryantème crystallin, (n°s. VIII, IX,) le *cactus cereus*, espèce de cactier connu sous le nom de cierge épineux, ainsi que les figuiers des Indes, ont un caractère commun, une corolle surchargée de pétales, qui les fait désigner sous le nom générique de famille des plantes à franges, (*franzen blumen.*) Ce ne sont au reste que des corolles à cinq pétales qui deviennent pleines sans le secours de l'art.

Outre cela, parmi les plantes connues, il

y en a plusieurs qui, dans nos climats, n'ont que peu de parenté ou même n'en ont point du tout : semblables à ces peuplades isolées par leurs mœurs qui ne s'allient point avec leurs voisins. Mais comparées à d'autres plantes qui ne croissent que dans les pays chauds, elles forment avec elles des familles naturelles.

Au nombre de ces plantes, ainsi séparées des autres plantes de nos climats, on peut compter le mille-pertuis, (nº. LXXXII,) le diptam et la ruë, dont la fleur terminale porte une corolle à cinq pétales ; la fleur de l'oranger, (nºs. II, LXXXIII,) le tilleul, le myrthe, (nºs. LII, LIII,) le *rhus cotinus* ou bois de fustet.

107. *Famille de fleurs en croix ou crucifères*, (*fig.* 16.)

Dans la plupart des corolles à quatre pétales, celles-ci sont disposées en forme de croix droite, ou de croix vulgairement appelée de St.-André. Il est très-rare qu'elles soient toutes placées d'un seul côté, comme c'est le cas du diptame dont nous venons de parler.

Le pavot et la chelidoine avec leurs nombreuses étamines, leurs calices qui tombent facilement, leurs feuilles rayées, leur suc laiteux, forment la famille des pavots, (nº. XV,) à laquelle on peut rapporter quelques espèces étrangères. Ces plantes se distinguent sensiblement des plantes à siliques et à silicules qui forment la quinzième classe de Linné, la tétradinamie. Celles-ci portent des siliques, sont aqueuses pour la plupart, ont des sucs acides, paraissent rarement dans les pays chauds. Les principales sont le cochlearia, le chou, la giroflée, le cresson de fontaine, la rave, le raifort, la moutarde, la bourse à pasteur, (n°. LXXX.)

La campanule *radunculus* et quelques autres se distinguent par la connexité des pétales qui sont posés au dessus du fruit que Jean-Jacques appelle pour cette raison, fleurs supères. Elles ont de l'affinité avec l'épilobe. (Nos. XXXIX, XLI.)

108. *Famille des plantes à quatre pétales irréguliers.*

La conformation irrégulière de la corolle fait une exception dans les plantes précédentes. Dans celles-ci elle fait la règle. On les appelle communément *fleurs en gueule*, parce que, comme dans la plupart des fleurs irrégulières, une partie de leur corolle est placée au dessus de l'autre, à-peu-près comme les deux portions de la mâchoire entr'ouverte d'un animal. Il faut cependant observer que la même singularité a lieu dans les corolles à trois et à six pétales, et même dans quelques-unes des corolles qui n'en ont qu'une.

Dans quelques-unes de ces plantes on trouve

presque toujours dix étamines, un fruit en gousse, des feuilles ailées ou du moins trifoliées, avec une feuille unique à l'extrémité du petit rameau. Les espèces qui appartiennent à cette famille sont très-nombreuses. Les unes sont des *fruits à gousses*, (*fig.* 5, 27, 34, 67, 69,) ont leurs étamines réunies par le bas des fleurs qu'on nomme papillionacées, (nos. XXIV, XXV, LXVIII, LXXI,) parce qu'elles présentent assez bien l'image d'un papillon dont les aîles sont déployées. Elles réussissent dans les pays froids : les autres sont des arbres à gousses. Leurs étamines sont plus dégagées ; leurs corolles ont ordinairement cinq pétales, (nos. VI, VII, LXXXIV. On les trouve surtout dans les pays chauds. Parmi les premières, nous nommerons les pois, les fèves, l'accacia commun, le genêt, le sainfoin, le baguenaudier, etc. Parmi les secondes, les sensitives, le tamarin, la casse, le séné, le carroubier et l'arbre de Judée ou *cercis siliquastra*.

Les violettes avec les balsamines de diverses espèces forment une famille particulière distinguée par l'éperon dont elles sont munies. (No. LXXXV.) Elles diffèrent essentiellement des précédentes par les parties sexuelles, quoiqu'elles aient ordinairement comme elles quatre ou cinq étamines.

Les espèces de plantes à épiceries qui toutes ont les Indes pour patrie, ont ordinairement trois pétales et un calice à trois folioles. La plupart ne portent qu'une étamine. On trouve assez communnément dans nos jardins d'Europe le jonc des Indes, dont la fleur est couleur de feu; mais les plantes à épiceries, proprement dites, comme le gingembre, le galanga, le curcuma ou safran des Indes, ainsi que le pisang, qui ont de l'affinité avec elles, ne sont guères cultivées que dans les serres chaudes (n°. LXXXIX.)

Les espèces d'orchis sont indigènes en Europe. On les trouve surtout dans les forêts et au pied des haies touffues. L'orchis mouche et un autre orchis, connu sous le nom de *cypripœdium calceolus* ou *sabot de Notre-Dame*, sont dans ce genre de plantes, celles qui frappent le plus notre vue. La vanille, cette plante de l'Inde, si connue et si recherchée, est de la famille des orchides. Toutes ces plantes ont aussi des corolles à six pétales; mais ces corolles ont une autre configuration que les précédentes (n°s. XXII, XXIII.)

109. *Famille des plantes liliacées avec des corolles à trois et à six pétales.*

Elles ont presque toutes six pétales, soit séparées, soit connexes et sans calices; et lorsqu'elles paraissent n'en avoir que trois, c'est communément parce que les trois autres, placées à l'extérieur, se sont transformées en folioles de calice.

Les palmiers, d'où proviennent les noix de

cocos, les dattes, ainsi que le sagou, la sagitaire ou *polygonum amphibium* avec l'*alisma* ou plantin d'eau et le *butomus umbellatus* ou jonc fleuri, qui tous portent des corolles à trois pétales, (nos. XLVI, XLVII,) l'ananas et ses affinités, appartiennent plus ou moins à ces liliacés de la seconde espèce.

Les autres corolles à six pétales séparées ou connexes, forment proprement les liliacées, dont les diverses variétés embellissent et embaument nos jardins. Mais ces lys se subdivisent encore en plusieurs familles.

Ainsi le muguet, l'aloës, l'asperge, ont de l'affinité avec les hyacintes, (no. XLVIII, L;) l'impériale et l'yucca en ont avec la tulipe; le galant d'hiver (*galantus nivalis*,) la perce-neige printanière (*leucoïum vernum*) et plusieurs plantes, dont les feuilles sont semblables à celles du glayeul, comme l'iris et le safran, peuvent être regardés comme tenant à la famille des glayeuls. (Nos. XVIII, XIX.) Le narcisse, le colchique, (no. XX,) chacun avec ses affinités plus ou moins connues, forment aussi des familles particulières. Le lys-alphodèle de Tournefort, les diverses espèces d'amaryllis, les tubereuses, ont de l'affinité avec les lys blancs, avec les lys couleur de feu, avec les martagons. (Nos. XXI, LIV.) Enfin, les hyacintes étoilées, les scilles, les ornithogales, les asphodèles, les narcisses de mer tiennent à l'ail et aux diverses espèces d'oignons.

Sur la limite de ces plantes liliacées se présentent les iris graminées. Leur port n'offre que des gramens ordinaires, mais elles se rapprochent des lys par la position des pétales ou des folioles des calices, par le nombre des étamines, et par la forme du pistil.

110. *Famille des plantes sans corolle.*

Dans cette famille, il est rare que la fleur porte même une sorte d'enveloppe colorée, ressemblant moins à une corolle qu'à un calice permanent. Communément les plantes de ce genre ont un calice verd ou des écailles qui en tiennent lieu. Il n'y en a qu'un très-petit nombre où les parties sexuelles soient tout-à-fait à découvert.

Quelques familles ressemblent extérieurement aux graminées. Tels sont les joncs articulés, où la fleur ne consiste qu'en une seule écaille; tels sont les gramens proprement dits, (*fig.* 87, 90,) où les parties sexuelles sont enfermées dans deux écailles opposées l'une à l'autre; et les plantes à *tête en massue*, tels que l'*acorus*, l'*arum*, qui, comme les joncs, croissent dans les terreins humides, et auxquels appartiennent la canne et le kalmus, et dont les fleurs sont ramassées en forme de massues.

La *colocasia* qu'on trouve dans les jardins, a aussi des affinités avec plusieurs espèces de plantes indigènes et exotiques, et compose avec elles la famille des plantes, que Linné désigne sous le nom de *piperitæ*, (nº. XC,) à laquelle le poivre ordinaire paraît tenir de près, et qui sont remarquables par leurs feuilles colorées et en forme de gaînes, placées près des fleurs en boule.

Quelques familles, dont les espèces tiennent assez généralement à la classe des arbres, ont presque toutes leurs pistils séparés de leurs étamines. Ces pistils, ainsi que ces étamines, sont placés dans des fleurs en forme de chatons. On les appelle *amentacées*. L'if et ses variétés, le genèvrier, les arbres résineux, comme le pin, le sapin, le mélèze, le tuya et le cyprès sont remarquables par leurs feuilles en forme d'aiguilles ou en forme d'écailles, et qui, pour la plupart, sont toujours vertes. Les premiers portent des baies sèches ou des noix, les secondes des fruits secs ou cônes, dans le genre de la pomme de pin. Les arbres à chatons se distinguent de ceux-ci par leurs feuilles qui, comme celles des autres arbres, sont planes, plus ou moins découpées, plus ou moins allongées. Tels sont les saules, les peupliers, les bouleaux, les noisetiers, les noyers, les hêtres etc.

Il y a encore d'autres familles de plantes qui ont entr'elles des affinités; les unes se rapprochent par leurs feuilles rudes au toucher, et configurées d'une manière irrégulière: ce sont le houblon, le chanvre, le mûrier, l'ortie, le figuier, (nº. XCI.) Les autres se distinguent

distinguent par leurs fleurs de couleur herbacée ; tels sont la blette, le bon-henri, l'épinard, l'arroche, etc. Une autre famille est remarquable par ses fleurs paléacées, ses calices presque toujours agréablement colorés et qui ne se flétrissent point. Ce sont les amaranthes à boule et à crête de coq, le plantain, etc. D'autres, enfin, forment la famille des oseilles, et ont une sorte de graine à la naissance du pétiole, comme l'oseille proprement dite, la rhubarbe, le bled sarrazin.

Outre les plantes qui appartiennent aux graminées, aux liliacées, aux renonculées etc, il y a aussi des plantes de formes différentes, mais qui ont cela de commun qu'elles vivent dans les eaux ; et pour cette raison elles sont appellées plantes aquatiques. De leur nombre sont la lentille d'eau, la *chara* ou girandole d'eau, et le *potamogeton* ou épi d'eau.

L'euphorbe, le ricin, la mercurielle, forment avec beaucoup d'autres plantes étrangères, et quelques-unes dont la plupart sont vénéneuses et contiennent un suc laiteux et âcre, la grande famille des plantes qui, à cause de la forme de leurs fruits, sont connues sous le nom de *plantes à trois boutons*. Le gui, la *daphné-lauréola*, la cuscute, l'azarum vulgairement nommé cabaret ou oreille d'homme, sont des plantes d'un genre particulier, dont chacune se réunit à quelques autres moins connues pour former des familles particulières.

111. *Familles de plantes à corolle monopétale.*

Ce n'est guères que dans les liliacées et les fleurs composées que se trouvent des corolles monopétales. Le nombre six domine dans *les premières*. Leur corolle est ordinairement divisée en *six*. Elles ont six étamines, puisqu'elles sont de l'hexandrie. Le nombre cinq, au contraire, est celui qu'on trouve le plus dans les fleurs composées, qui se distinguent d'ailleurs de toutes les autres par la réunion d'une grande quantité de petites fleurs sur le même réceptacle.

Quelques-unes des familles que nous avons à indiquer ici, ont des germes à quatre semences globuleuses. Tels sont les plantes à feuilles rudes ou les cynogloses qui ont des feuilles alternes et des fleurs régulières, enveloppées dans une sorte d'épi roulé. L'héliotrope, l'oreille de souris, grande et petite, la bourache, la buglose, la vipérine appartiennent à cette famille, (n°. LXXVI.) Telles sont encore les plantes verticillées; (*fig.* 20, 24, 38,) mais elles ont des corolles irrégulières, la plupart en forme de gueule. Elles figurent autour de la tige des couronnes soutenues par des feuilles alternes et opposées, (n°s. XXVI, XXVII.) Les espèces et les genres de cette famille sont très-nombreux. Elle comprend la sauge, le romarin, le thym, la lavande, la sariete, l'hysope, l'origan, la mélisse, la menthe crispée, le basilic, le lamier ou l'ortie morte, etc.

Les fleurs en masque ou personnées, (*fig.* 25, 26, 57,) (n°s. XXVIII, XXIX, LXX, LXXIV,) comme la linaire, le mélampyre, la digitale, la crête de coq, le *verbascum thapsus* et la véronique, ont des rapports, quant à la fleur, avec les plantes verticillées; de même que les plantes vénéneuses, (n°. LXXV,) comme la pomme épineuse, les solanum, l'atropa belladona, le physalis alkekengi, la jusquiame, le tabac et le poivre d'Inde ou de Guinée, en ont avec les plantes borraginées; mais elles diffèrent par leurs germes simples, qui contiennent plusieurs semences et, pour la plupart, sont assis sur une glande.

Le troëne vulgaire, le sureau d'Espagne, l'olivier et même, à quelques égards, le caffier, ont des affinités avec le jasmin, (n° LXXVII.) Il en existe aussi entre l'oleandre et la petite pervenche à fleurs bleues, l'asclepiade de Syrie et un grand nombre d'espèces étrangères. (N°s. III, IV.) Enfin, le liseron, (n°s XXX, XXXI, XXXII, LXXVIII,) ainsi que les gentianes, les primevères sauvages, les *mirabilis jalapa*, (n° LXXIX,) avec les plantes de la même espèce, forment encore des familles particulières.

Le laurier-thym, la boule de neige, se rapprochent du sureau ordinaire: la garance des teinturiers, du *gallium verum* ou caille-lait, auquel on peut aussi rapporter le *gallium*

M 2

aparine. Toutes ces plantes ont des couronnes de feuilles en forme d'étoiles. Les espèces de bruyère, le *vaccinium myrtillis* ou l'airelle, le fraisier, appartiennent à la même famille; elles ont souvent des anthères à deux cornes.

Les diverses espèces de *cucumis*, (n°. LXXXVII,) forment, avec les citrouilles et les melons, une famille particulière et se ressemblent surtout par la forme de leurs étamines; et les campanules (n°s. LX, LXIII,) avec leurs affinités, se rapprochent, par des nuances insensibles, des fleurs composées dont nous allons parler dans l'article suivant.

112. *Familles des plantes à fleurs composées.*

La réunion d'un grand nombre de fleurettes dans un calice commun sur lequel leur séparation est marquée, forme ce qu'on appelle les *fleurs composées.* D'après leurs différences les plus frappantes, on peut facilement les partager en quatre familles. Elles ont presque toutes cinq étamines réunies dans une espèce de tuyau.

La plupart des plantes à suc laiteux, et qui se rapprochent de la laitue, (*fig.* 93, 96,) ont des fleurettes ou fleurons hermaphrodites qui sont fendus longitudinalement d'un côté, et qui, en forme de languettes, sont penchées vers le côté extérieur de la fleur entière. La chicorée, le scorsonère, le laiteron et le pissenlit sont, dans cette famille, les espèces les plus connues.

Quelques autres fleurs composées ne contiennent que des fleurons en tuyaux non fendus, qui, placés près les uns des autres, forment une espèce de disque, (n°. X.) Tels sont le gnaphalium, l'absynthe, l'armoise, l'artemisia-abrotanum, la tanaisie, le dracunculus, la mille-feuille ou *achillea ptarmica*, etc. etc.

Il y en a une troisième espèce, et c'est la plus belle. Elle réunit les deux circonstances qui caractérisent les deux précédentes. Les plantes de cette espèce se nomment radiées, parce qu'elles ont un disque formé par une foule de fleurettes courtes et tubulées, et un rayon composé de languettes. A leur tête paraît le tournesol, vulgairement nommé soleil, où le disque et le rayon sont si apparens. Viennent ensuite, (n°s. XII, XIII, LXIV, LXVI,) la verge d'or, la camomille, les diverses espèces d'aster, la zinnia, la paquerette, le souci, le doronic, le seneçon, le tussillage, etc. etc., et tant d'autres qui décorent nos parterres ou émaillent nos prairies.

La famille des chardons, (n°. LXVII,) diffère de toutes les précédentes, quoique les plantes de cette famille aient quelques ressemblances, tantôt avec les unes, tantôt avec les autres, et que celles qui portent des piquans s'en rapprochent beaucoup. La plus commune est le chardon ordinaire. Cette famille comprend aussi l'artichaut, le carthame, la carline, la jacée, l'*arctium-lappa* ou bardane, le bluet, la serratule, etc.

Les fleurs à simple disque et les fleurs radiées ont une très-grande affinité entre elles, et se confondent même à certains égards. Une espèce de *croisette*, qui tient sa place parmi les radiées, n'a cependant qu'un disque; et la tanaisie, qu'on range au nombre des fleurs à disque, laisse cependant quelquefois échapper des rayons. On dirait que la nature se plait à se jouer de nos divisions, et veut se réserver le droit de franchir les limites qu'elle semble se prescrire. C'est ainsi que, dans l'espèce humaine, elle donne quelquefois des sourcils bruns à la blonde.

113. *Familles de plantes dont les parties de la fructification s'écartent de la règle ordinaire, ou auxquelles elles manquent tout-à-fait.*

L'espèce de plantes, nommée queue de cheval, (*equisetum*) constitue une famille toute particulière. La poussière qui tombe de ses sommités en forme de massue, considérée au microscope, consiste en petits filets qui se contractent rapidement à l'humidité, et entourent une graine à laquelle plusieurs autres sont attachées, (n°. XCII.)

Les fougères parmi lesquelles se trouve l'asplenium ou doradille des murs, qui s'attache aux murailles, et plusieurs autres qui croissent dans les forêts, sur les rochers et sur les arbres, n'ont pas de tiges particulières; mais elles poussent de leurs racines des feuilles vertes, pétiolées et ailées pour la plupart : ces feuilles sont parsemées de petites capsules molles, (n°. XCIII.) Vous y chercheriez vainement une corolle, un calice, des étamines, des pistils, un germe. Ces plantes n'ont d'autres fleurs et d'autres fruits que ces capsules.

Les *mousses* communes dont le duvet verdoyant tapisse la terre, les murailles, les rochers, les vieux troncs, qui souvent ont servi de siége aux amis, de couche aux amans, les mousses, surtout pendant l'hiver, poussent des fruits pétiolés qui, lors de leur maturité, laissent tomber une sorte d'enveloppe et desquels s'échappent les semences par des ouvertures quelquefois très-artistement décorées, (n°. XCI.)

Il y a une autre espèce de mousses qui ressemble aux précédentes; mais elles en diffèrent par la finesse de leurs parties et par la forme de leurs feuilles réunies à la tige : on les nomme *hépatiques communes*, (n°. IX, LCV.)

Il y en a ensuite une espèce qui est rarement verte, mais de toute autre couleur. La substance de ces mousses est coriace; et les parties de leur fructification sont d'une extrême simplicité ou très-peu apparentes. Cette classe comprend les nombreuses espèces de lichens, (n°. XCVI,) ou de mousses, la plupart grises, scarieuses ou raboteuses, écailleuses, lobées ou rameuses, que l'on trouve sur les vieux arbres, ou sur les rochers, qui ressemblent moins à des plantes qu'à des écorces coriaces et qui, de la forme de feuilles, passent successivement à celles de boutons, de coupes, de quilles, ou de coraux ramifiés.

Les champignons, (n^os^. XCVII, C,) sont placés à l'extrémité du règne végétal. Ils n'ont même rien qui ressemble à des feuilles. En automne, saison pendant laquelle ils sont le plus abondans, ils paraissent sous des formes charnues et extrêmement variées, sous celle de chapeaux, de disques, de boules, de massues, de créneaux, d'étoiles, d'arbrisseaux, de grillages, etc.

Après les champignons, le règne végétal n'offre plus qu'une suite de plantes tout-à-fait informes. (N°. C.) Ces filets verts qui flottent sur les eaux, principalement sur les eaux croupissantes; ces enveloppes filamenteuses et poudreuses qu'on remarque dans les terreins marécageux, sur les corps organisés qui tombent en dissolution, sont aussi des végétaux. Ils forment le dernier et le plus vil chaînon de cette chaîne de productions végétales. Qui mesurera l'espace immense qui les sépare du lys et de la rose? Celui qui mesurera l'intervalle que la nature a mise entre une jeune beauté et l'huître ou le polype d'eau douce.

114. *Jardins.*

Nous avons considéré la disposition générale du règne des plantes ainsi que les familles dont il est peuplé. Mais nous n'avons présenté qu'une stérile nomenclature. Pour animer, pour rendre agréable le tableau dont nous n'avons fait que tracer l'esquisse, il faut le comparer avec la nature; il faut rapprocher la copie de l'original. Nous pouvons gravir les montagnes, errer dans les forêts, parcourir les plaines, nous retrouverons par-tout les lois variées, mais constantes, auxquelles sont assujettis ces enfans de la nature. En différens endroits, à des distances éloignées, nous retrouverons les mêmes formes, passant par des gradations insensibles. La queue de cheval (*equisetum*) ou prêle, nous rappellera la renoncule des prés. La renoncule des ruisseaux réveillera le souvenir des membres de sa famille épars dans les forêts.

Il est cependant quelques plantes isolées qui paraissent n'avoir d'affinités avec aucune autre, dont l'existence est une énigme. Jetées comme au hasard sur la terre, elles ressemblent à ces hommes sans parens, sans amis, que personne ne réclame. Mais lorsque nous réunissons, dans les jardins botaniques, les habitans les plus éloignés d'une contrée semblable à la nôtre; quand nous parvenons à former par des mélanges un terrein propre à ceux que nous enlevons à leur sol natal; lorsque les plantes qui croissent au sommet des Alpes ou sous la zône glacée, trouvent par nos soins un abri contre la chaleur qu'elles redoutent; que, recueillant celles des climats chauds, nous créons par des moyens artificiels la température dont elles ne peuvent se passer, alors nous trouvons le mot de ces énigmes; alors ces lacunes sont remplies, et les rapports que nous ne soupçonnions pas renaissent sous les yeux de l'observateur.

Tel a été le but de la formation des jardins botaniques. Nous ne parlons pas ici de ceux que plante l'économie rurale. Plus utiles encore dans leurs résultats, ils tiennent à une science particulière et n'ont que de légers points de contact avec la botanique proprement dite. Il est des familles particulières qui peuvent être et sont en effet l'objet d'une étude suivie, d'observations, de combinaisons tendantes à augmenter les jouissances de l'homme. A combien de découvertes agréables n'a pas conduit, par exemple, l'étude de la vigne, des arbres fruitiers et de leurs variétés, soit naturelles, soit produites par les essais de l'art? Chaque famille de plantes pourrait donner lieu à une histoire aussi complette et à une suite d'observations dont une vaine curiosité n'aurait pas seule à s'applaudir.

Les plantes qui ont entr'elles d'étroites affinités, comme celle de la famille nombreuse des geranium, celles de la famille des roses, peuvent se réunir dans un jardin pour être étudiées et comparées avec plus de facilité et de succès. Là on leur trouve à loisir certains caractères généraux par lesquels elles se rapprochent, et les caractères particuliers par lesquels chaque variété s'éloigne de toutes les autres.

Un jardin pareil est aussi le théâtre où dans des dimensions que l'œil peut saisir, se déploient toutes ces nuances de couleurs, de formes et d'odeurs qui enchantent les sens; où la robe diaprée de la nature développe les richesses si variées qui la décorent. C'est là que dans une étroite enceinte peuvent se rassembler les trésors épars dans les contrées les plus éloignées; où le plaisir, compagne fidelle de l'étude, peut se varier sans fatigue; où l'on peut, tranquille à l'ombre des bosquets odorans, jouir des recherches que les voyageurs ont faites au milieu des travaux pénibles et des dangers, et ajouter à leurs découvertes.

115. *Collection des plantes.*

Mais les beautés des jardins s'évanouissent, le riche émail des prairies se flétrit. Il est souvent impossible de cultiver près de soi les productions végétales des pays lointains. L'hiver jaloux, qui ne laisse sur la terre que des sarmens desséchés, qui quelquefois couvre de ses frimats jusqu'aux boutons prêts à s'ouvrir, jusqu'aux tapis verdoyans des mousses, bannirait de notre souvenir cette saison féconde où la terre étale les trésors qui décorent sa surface, si l'art ne nous fournissait pas des moyens de prolonger leur existence et de conserver leurs formes à l'abri des ravages du tems.

La substance mince et unie de la plupart des parties qui composent les plantes se prête parfaitement à la méthode de les étendre entre des feuilles de papier, et de les y conserver applaties et desséchées. Pour opérer lentement cette dessiccation sans qu'elles perdent rien de leur couleur et de leur forme, on les place entre des feuilles de papier brouillard ou de papier de rebut, en les pressant d'abord légèrement et en augmentant successivement cette pression. Pour achever l'opération, on les pose sous une véritable presse; qui les applatit sans les défigurer. Les fleurs les plus tendres avec leurs parties les plus délicates, les mousses, les simples feuilles peuvent être desséchées de cette manière. Mais elles demandent plus de ménagemens. On les pose entre des feuilles de papier, en les tenant légèrement pressées tout le tems qu'on n'a pas d'usage à en faire; ou bien on les étend sur une seule feuille de papier, ou on les y assujettit, soit avec des épingles, soit avec de la colle, soit même avec des attaches de fil ou de ruban.

Mais les fruits secs, les semences, les champignons ligneux, les lichens coriaces, ne sont pas susceptibles d'être ainsi applatis. Il n'y a d'autres ressources que de les placer tels qu'ils sont, dans des boites, dans des bocaux, ou sur de petites tables, en les y assujettissant de façon à les préserver d'accidens sans les soustraire à la vue. Il suffit d'être ami de la nature pour considérer avec plaisir ces collections, bravant l'outrage des hivers ; elles sont indispensables pour l'observateur studieux.

116 *Représentations des plantes.*

Enfin, il est des plantes ou des portions de plantes succulentes et d'une nature très-délicate, comme la plupart des fruits, beaucoup de tiges et de feuilles, un grand nombre de fleurs liliacées, les champignons d'une substance molle, qu'il est impossible de conserver. Les traces de leur existence disparaissent avec leur vie. La peinture peut seule remédier à cet inconvénient. Elle n'a pas alors ce but précieux qu'elle remplit à l'égard des hommes, en transmettant à la postérité leurs traits chéris, ou les faits qui les illustrèrent, ou les leçons qu'ils ont laissées à ceux qui leur survivent; mais du moins à l'égard des plantes, elle fixe sur la toile tout ce qu'elles ont de plus caractéristique ; et on reconnaît encore dans ces productions du pinceau les productions inimitables de la nature. De tous les genres de peinture, celui qui est le plus propre à atteindre le plus haut degré d'imitation, à rendre les formes des productions du règne végétal, le délicat tissu de leur enveloppe, toutes les nuances de leurs couleurs, c'est le genre où l'on n'emploie que des couleurs à l'eau. Peut-être plusieurs de ceux qui liront ces pages ont éprouvé le plaisir d'approcher de la nature par des copies fidelles; et ils conviendront avec moi qu'il n'en est pas de plus vifs.

L'art a toutefois porté plus loin ses heureuses tentatives. Il est parvenu à figurer les parties des plantes dans leur grandeur naturelle et à en représenter en relief toutes les formes. On a cru que la substance des corps charnus ne pouvait être mieux rendue que par des modèles en cire. A force de soins, il serait peut-être possible en certains cas de produire par cette méthode, une illusion complette; mais toutes les parties du règne végétal ne sont pas susceptibles d'être représentées ainsi; et ce qui réussit dans ce genre ne peut être que d'une durée passagère. Il n'appartient qu'au règne minéral de fournir des substances assez solides pour que les productions périssables de la nature soient, pour ainsi dire, perpétuées par des images impérissables: mais où est le ciseau qui puisse donner au marbre et à l'albâtre le moëlleux, la ténuité, l'apparente flexibilité des plantes et de leurs parties les plus délicates? En vain l'homme s'énorgueillit des créations de son industrie. Dans ses essais les plus hardis, dans ses succès les plus brillans, il trouve l'art resserré dans des limites qu'il ne lui est pas permis de franchir.

Amateurs de la Botanique! étudiez-la donc autant que vous pourrez dans les originaux de la nature. Les herbiers, les chefs-d'œuvres du pinceau et du ciseau ne vous en offriront jamais que de froides et d'infidelles copies. Réduits à ces tristes ressources, vous ne serez pas moins à plaindre que l'ami, que l'amant qui, éloigné de l'objet de sa tendresse, n'a, pour se consoler de son absence, que le secours de son image immobile et muette.

FIN.

TABLE ALPHABÉTIQUE

Des plantes citées pour exemples.

A.

B.

Bouleau,

C.

D.

E.

F.

G.

H.

I.

K.

L.

M.

N.

O.

P.

Q.

R.

S.

T.

V.

Y.

Z.

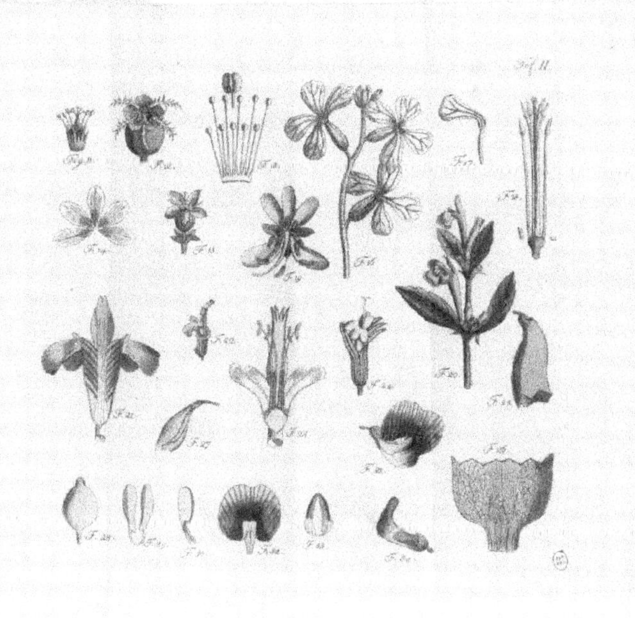

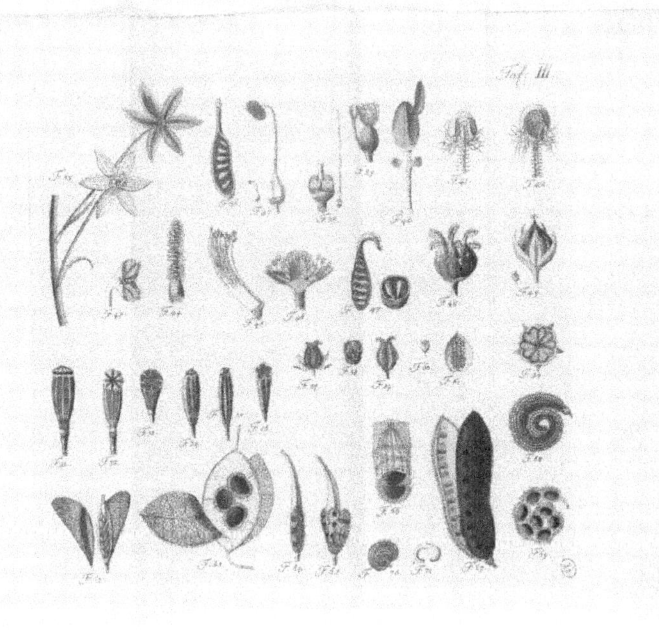
Taf. III.

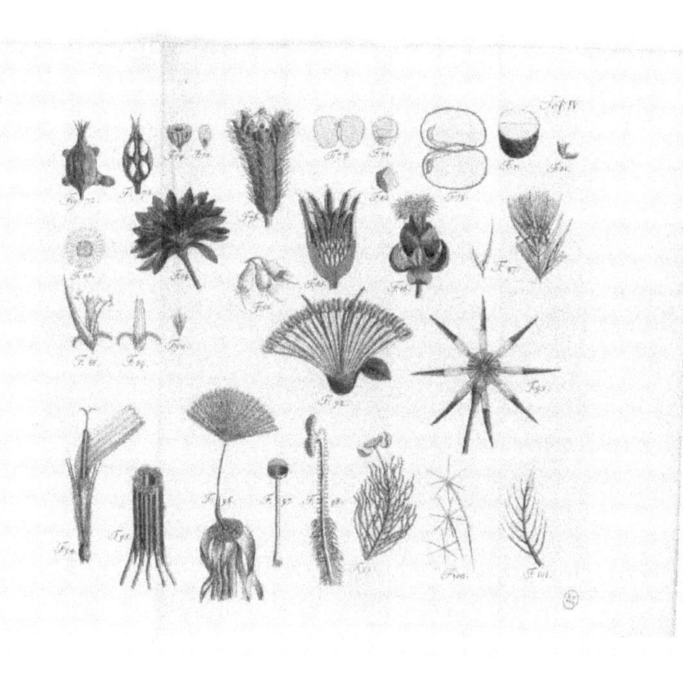

www.ingramcontent.com/pod-product-compliance
Ingram Content Group UK Ltd.
Pitfield, Milton Keynes, MK11 3LW, UK
UKHW022056260726
13993UKWH00001B/149

9 782329 25416